ICH LERNE BADMINTON

Katrin Barth &
Heinz Kelzenberg

Sportwissenschaftliche Beratung:
Prof. Dr. paed. habil. Berndt Barth

Meyer & Meyer Verlag

Reihe „Ich lerne .../Ich trainiere ..."
Herausgeberin: Katrin Barth

Ich lerne Badminton

Bibliografische Information der Deutschen Nationalbibliothek
Die Deutsche Nationalbibliothek verzeichnet diese Publikation in der Deutschen Nationalbibliografie; detaillierte bibliografische Daten sind im Internet über http://dnb.d-nb.de abrufbar.

Adelaide, Auckland, Budapest, Cape Town, Graz, Indianapolis,
Maidenhead, Olten (CH), Singapore, Toronto
Member of the World
Sport Publishers' Association (WSPA)
Druck: B.O.S.S Druck und Medien GmbH
ISBN 978-3-89899-510-8
E-Mail: verlag@m-m-sports.com
www.dersportverlag.de

INHALT

Anmerkung:

Aus Gründen der besseren Lesbarkeit haben wir uns entschlossen, durchgängig die männliche (neutrale) Anredeform zu nutzen, die selbstverständlich die weibliche mit einschließt.

Die Übungen und praktischen Hinweise in diesem Buch sind von den Autoren sorgfältig ausgesucht und überprüft worden. Für Unfälle oder Schäden jeglicher Art, die im Zusammenhang mit dem Inhalt des Werks stehen, können die Autoren jedoch keinerlei Haftung übernehmen.

HALLO, ICH BIN BENNY!
ALS BADMINTONBALL KENNE ICH MICH NATÜRLICH SUPERGUT IM BADMINTON AUS!
IN DIESEM BUCH ERFÄHRST DU JEDE MENGE ÜBER DIESEN TOLLEN SPORT, ICH BIN IMMER DABEI UND FÜHRE DICH DURCHS BUCH. GEMEINSAM HABEN WIR BESTIMMT VIEL SPASS!

Die Spieler haben ein großes Plakat für ihren Umkleideraum gestaltet. Male die Felder mit dem Punkt in der entsprechenden Farbe aus. Nun kannst du erkennen, was darauf steht!

...................1 LIEBE BADMINTONSPIELER!

Federball ist ein sehr beliebter Freizeitsport, den fast jeder schon einmal gespielt hat. Viele Familien haben Schläger und Federbälle daheim und spielen gern dieses gemütliche Pingpongspiel auf der Straße, im Park oder im Urlaub. Vielleicht habt ihr auch schon über eine Schnur oder ein Netz gespielt, dabei den Gegenspieler laufen lassen und hart geschmettert. Das ist die Idee vom Badminton – wir wollen nicht nett hin- und herspielen, sondern gewinnen!

Hast du so das Interesse am Badmintonspiel entdeckt? Oder waren es deine Freunde, die Eltern oder deine Geschwister, die dich angesteckt und begeistert haben? Spielen sie schon im Verein? Vielleicht haben dich aber auch erfolgreiche Spieler in deiner Region oder die Fernsehübertragungen von Badmintonspielen auf die Idee gebracht, es selbst zu erlernen. Auf jeden Fall hast du dich für eine tolle und auf der ganzen Welt sehr beliebte Sportart entschieden.

Aber du möchtest natürlich nicht nur spielen, was du sowieso schon ohne Mühe kannst! Du möchtest tolle Schläge erlernen, mit denen du den Ball geschickt und unerreichbar zurückspielen kannst! Doch etwas Neues ist erst einmal schwierig. Nicht alles wird dir sofort gelingen. Aber dafür bist du ja in den Trainingsstunden. Mit viel Geduld und Ausdauer kommst du bald an dein Ziel. Und dann wirst du sehr stolz auf dich sein!

IST BADMINTON DER RICHTIGE SPORT?

Hier stehen einige Gründe, warum Kinder gern Badminton spielen. Was trifft auf dich zu? Kreuze „JA" oder „NEIN" an!

	JA	NEIN
Sport macht mir viel Spaß.	☐	☐
Ich bin gern mit anderen Kindern zusammen.	☐	☐
Ich habe eine gute Kondition.	☐	☐
Ich kann schnell reagieren.	☐	☐
Ich kann gut werfen.	☐	☐
Ich mag Wettbewerbe und möchte gewinnen.	☐	☐
Meine Familie oder Freunde spielen auch Badminton.	☐	☐
Ich schaue mir gern Badmintonspiele an.	☐	☐
Ich möchte etwas Besonderes lernen, das nicht jeder kann.	☐	☐
Ich möchte besser sein als die anderen.	☐	☐
Ich möchte in der Zeitung stehen.	☐	☐
Ich möchte einmal ganz erfolgreich und bekannt werden.	☐	☐

Sind die meisten Fragen mit „JA" beantwortet, dann hast du die richtige Sportart für dich gewählt. Vielleicht kannst du mal ein guter Spieler werden.

In diesem Badmintonbuch haben wir viel Wissenswertes über deinen Lieblingssport aufgeschrieben. Wir erklären dir die wichtigsten Techniken, wie du sie üben kannst und welche Fehler du vermeiden solltest. Du erhältst zahlreiche Anregungen zum Üben allein oder mit deinen Freunden. Vielleicht wirst du mal ein international erfolgreicher Badmintonspieler oder gehörst zu einer Topmannschaft. Du gewinnst Meisterschaften und Medaillen. Aber auch, wenn das Badmintonspiel eine schöne Freizeitbeschäftigung bleibt, wirst du viel Spaß dabei haben und du hältst damit deinen Körper fit und gesund.

Dieses Büchlein soll dein Begleiter beim Badmintonspiel sein. Sollten wir mal etwas anders sehen, als es dein Übungsleiter, der Trainer oder ein erfahrener Spieler dir sagen, kann das schon passieren. Dann frage einfach nach. Es gibt auch im Badminton manchmal unterschiedliche Auffassungen. Wenn wir Spieler, Trainer, Übungsleiter, Schiedsrichter usw. sagen, sind natürlich nicht nur die Männer und Jungen gemeint, sondern auch immer alle Frauen und Mädchen.

Viel Spaß beim Badminton wünschen dir
Benny und die Autoren.

MANCHE BILDER VON BENNY WIRST DU HÄUFIG IM BUCH SEHEN.

Wenn dieses Zeichen erscheint, hat Benny einen guten Tipp für dich. Er zeigt dir Fehler, die du vermeiden kannst oder gibt dir Ratschläge.

Ganz schön knifflig! Manchmal hat Benny eine Aufgabe oder ein Rätsel für dich. Diese findest du beim Fragezeichen. Die Antworten und Lösungen stehen am Ende des Buches.

Siehst du Benny mit dem Stift, kannst du an dieser Stelle etwas eintragen, ausfüllen oder ausmalen.

Du kannst dieses Buch wie ein Trainingstagebuch verwenden. Fortschritte und Ziele werden eingetragen. Bist du dann ein erfahrener Spieler, kannst du hier mit Freude nachlesen, wie alles angefangen hat. Wenn du willst, dann klebe Fotos von dir oder deinen Freunden ein und sammle Unterschriften.

Hier zeigt dir Benny einige Übungen, die du auch außerhalb der Übungsstunde ausführen kannst. Sie ersetzen natürlich nicht das Training, sind aber eine gute Ergänzung. Vielleicht machen auch deine Freunde, Geschwister oder Eltern mit.

Übrigens:
Auch ohne Schläger und Ball kannst du prima üben – z. B. laufen, werfen springen, spielen, ...!

Ich bin das lustige gelbe Übungsmännchen und zeige dir, wie eine Übung allein oder mit Freunden ausgeführt wird. Hast du etwas probiert, dann zeichne ein Häkchen an die Stelle.

Und ich bin das blaue Fehlermännchen. Ich mache ganz mit Absicht Fehler – natürlich nur, um dir zu helfen! Mal sehen, ob du sie alle erkennst. Bist du dir nicht sicher, dann schau auf den Lösungsseiten nach.

Hier kannst du ein schönes Foto von dir einkleben.

.........2 WIE ES ANFING MIT DEM BADMINTONSPORT

Der Ball war sicher schon immer das beliebteste Sport- und Spielgerät der Menschen. Wie es aber so richtig losging mit dem Ballspiel, kann keiner mehr genau sagen. Auf jeden Fall ist es schon so unglaublich lange her, dass es damals noch keine Videofilme, keine Fotos, ja noch nicht einmal Bücher gab. Aber Forscher entdeckten uralte Höhlenzeichnungen, auf denen Menschen abgebildet sind, die mit etwas Ballähnlichem spielen.

Da gab es die witzigsten Spielweisen, bei denen der Ball mit der Hand, dem Kopf oder dem Fuß gespielt wurde. Man benutzte Stöcke, Bretter oder Netze, um den Ball zurückzuschlagen. Auch der Ball bestand aus unterschiedlichsten Materialien oder war sogar mit Federn gespickt, um die Flugeigenschaften zu verbessern.

Aus diesen Anfängen haben sich viele Sportarten entwickelt – so auch das Badmintonspiel. Die abgeflachten Stäbe wurden durch bespannte Schläger aus modernen Materialien ersetzt. Und auch die Spielkleidung wurde natürlich immer praktischer und bequemer.

Doch mit der Entwicklung des Badmintonsports ist jetzt noch lange nicht Schluss: Immer wieder gibt es neue Materialien, verbesserte Techniken und veränderte Regeln!

... DASS SCHON VOR 2.000 JAHREN MIT SCHLAGBRETTCHEN UND FEDERBÄLLEN GESPIELT WURDE? DAS ZEIGEN ALTE HÖHLENZEICHNUNGEN, DIE IN INDIEN ENTDECKT WURDEN.

... DASS AUCH DIE INKAS UND AZTEKEN IN SÜD- UND MITTELAMERIKA SCHON RÜCKSCHLAGSPIELE MIT GEFIEDERTEN BÄLLEN GESPIELT HABEN?

... DASS IN EUROPA ZUR ZEIT DES BAROCKS DIESES SPIEL EINE BELIEBTE FREIZEITBESCHÄFTIGUNG DES ADELS WAR? DIE FEINEN DAMEN UND HERREN SPIELTEN AM HOFE MIT SCHLÄGERN UND FEDERBÄLLEN.

... DASS DIESES FEDERBALLSPIEL UNTER DEN NAMEN „BATTLEDOR“, „SHUTTLECOCK“ ODER „JEU DE VOLANT“ BEKANNT WAR?

… DASS SICH DIE SPIELER DES DAMALIGEN FEDERBALLSPIELS DEN BALL MÖGLICHST GUT ZUGESPIELT HABEN? ZIEL WAR ES, DASS DER BALL GANZ LANGE IN DER LUFT GEHALTEN WÜRDE UND NICHT DEN BODEN BERÜHRTE.

… DASS DER HEUTIGE NAME BADMINTON VOM LANDSITZ „BADMINTON HOUSE" IN DER ENGLISCHEN GRAFSCHAFT GLOUCESTERSHIRE ABSTAMMT? DAS DAMALIGE SPIEL „POONA" WURDE VON EINEM INDISCHEN KOLONIALOFFIZIER MITGEBRACHT UND DORT VORGESTELLT.

… DASS 1893 IN ENGLAND DER ERSTE BADMINTONVERBAND GEGRÜNDET WURDE?

… DASS BADMINTON OFT AUCH IN SALONS ODER TANZSÄLEN VON HERRENHÄUSERN ODER SCHLÖSSERN GESPIELT WURDE? SOGAR DER KIRCHENRAUM WURDE ALS SPIELHALLE GENUTZT. DAS LAG DARAN, DASS KEINE SPORTHALLEN WIE IN DER HEUTIGEN ZEIT VORHANDEN WAREN.

… DASS DER INTERNATIONALE VERBAND ALLER BADMINTONSPIELER 1934 GEGRÜNDET WURDE? ES WAR DIE „INTERNATIONAL BADMINTON FEDERATION" (IBF), WELCHE MAN 2006 IN DIE „BADMINTON WORLD FEDERATION" (BWF) UMBENANNT HAT.

… DASS BADMINTON BEI DEN OLYMPISCHEN SPIELEN 1972 IN MÜNCHEN ALS DEMONSTRATIONSSPORTART VORGESTELLT WURDE? IN BARCELONA 1992 WAR BADMINTON DANN ZUM ERSTEN MAL OLYMPISCHE DISZIPLIN.

Wie viele Federbälle sind auf den vorhergehenden beiden Seiten zu sehen? Bevor du nachschaust und zählst, schätze die Anzahl! Trage die Zahl ein und zähle erst danach.

Trage die geschätzte Anzahl hier ein:

Trage die gezählte Anzahl hier ein:

EINZEL UND MANNSCHAFT

Badminton ist ein Einzelsport, aber auch ein Mannschaftsspiel. Das ist das Besondere und Schöne an diesem Spiel. Der Sportler kämpft allein und ist auch Teil eines Doppels oder einer Mannschaft. Jeder gibt sein Bestes für den eigenen, aber auch für den gemeinsamen Sieg.

Es ist wichtig, dass die Sportler regelmäßig gemeinsam trainieren und das Zusammenspiel üben können. Deshalb werden in den Vereinen feste Paarungen gebildet. Die Mannschaften der unterschiedlichen Altersgruppen nehmen an Turnieren teil und haben Ranglisten.

Wie heißt dein Verein?

In welcher Mannschaft spielst du?

Hier kannst du dein Vereinslogo einkleben oder einzeichnen.

BADMINTON IN DEUTSCHLAND

Der Verband für alle Badmintonspieler in Deutschland heißt:

Deutscher Badminton-Verband (DBV)

Die Gründung fand am 18. Januar 1953 in Wiesbaden statt. Dem DBV gehören zur Zeit 16 Landesverbände mit etwa 217.000 Mitgliedern in etwa 2.700 Vereinen an.

Willst du noch mehr über die Geschichte des Badmintonsports wissen oder aktuelle Informationen erhalten, dann schau doch mal ins Internet (www.badminton.de) oder wirf einen Blick in die Zeitschrift „Badminton Sport"!

DEUTSCHE EINZELMEISTERSCHAFTEN

Die Damen und die Herren spielen einmal pro Jahr (Anfang Februar) bei einem Turnier, das über vier Tage geht, den deutschen Meister in allen fünf Disziplinen (Einzel Damen, Einzel Herren, Doppel Damen, Doppel Herren, Mixed) aus.

Es gibt aber auch deutsche Meisterschaften für die Jugendlichen. In den Altersklassen unter 15, 17, 19 werden ebenfalls im Februar die Meister gesucht.

D, AK, Datum	Deutscher Meister

Hier kannst du eine Meisterliste führen. Trage die aktuellsten Meister in den verschiedenen Disziplinen (D) und Altersklassen (AK) ein.

DEUTSCHE MANNSCHAFTSMEISTERSCHAFTEN

Die besten Damen und Herren spielen in gemischten Teams in der Badmintonbundesliga. Zu jedem der insgesamt acht Mannschaften gehören 4-6 Herren und 2-3 Damen. Am Ende der Saison (März) wird der beste Verein deutscher Mannschaftsmeister.

Jahr	Deutscher Mannschaftsmeister
20_ _	
20_ _	
20_ _	

Hast du einen Lieblingsverein in der Bundesliga?

Welche Spieler hättest du gern in einer Bundesligamannschaft?

PIKTOGRAMME

Im Fernsehen, in der Zeitung, auf Aufklebern oder auf Plakaten hast du bestimmt schon oft gesehen, dass Sportarten durch ganz einfache Zeichnungen oder Symbole dargestellt werden.

Diese Zeichen nennt man *Piktogramme*. Die Zeichnung ist ganz einfach und trotzdem erkennt jeder sofort die richtige Sportart.

Hier siehst du ein solches Piktogramm für Badminton.

Wie würdest du mit ganz einfachen Strichen Badminton darstellen? Hier ist Platz für deine Ideen!

3 HALLO, MARC!

Marc Zwiebler
Geboren am 13. März 1984 in Bonn
Deutscher Meister 2005, 2008 und 2009
Neunter Platz bei den Olympischen Spielen in Peking 2008

Hallo, Marc! Warum hast du ausgerechnet mit Badminton angefangen?

Ich bin durch meine Eltern, die selbst aktive Badmintonspieler waren, zu diesem Sport gekommen. Ich kann mich gar nicht mehr an eine Zeit ohne Badminton erinnern. Im Verein bin ich schon seit meinem sechsten Lebensjahr.

Was findest du so toll an diesem Sport?

Mich fasziniert die unendliche Vielfalt dieser Sportart. Badminton ist sehr abwechslungsreich und da wird es nie langweilig. Gleichgültig, wie gut man in dem Sport ist, man findet immer wieder Dinge, die man noch verbessern kann.

Wie hast du es geschafft, so erfolgreich zu sein? Was ist dein Geheimnis?

Wenn man in einer Sache gut sein will, muss man sich für diese Sache interessieren und immer wieder nachdenken, wie man was besser machen kann. Man sollte sich mit dem Thema auch in seiner Freizeit beschäftigen. Das tue ich immer noch. Das gilt aber nicht nur für den Sport, sondern auch für die Schule oder später für den Beruf.

Welche Talente braucht ein guter Badmintonspieler?

Da Badminton sehr vielseitig ist, gibt es auch viele unterschiedliche Spielertypen. Man sollte aber auf jeden Fall eine gute Auge-Hand-Bein-Koordination und gute Reflexe haben.

Was war dein schönster oder auch wichtigster Erfolg?

Auf jeden Fall war es mein erster internationaler Titel bei den French Open 2003 in Paris. Die Qualifikation und die Teilnahme an den Olympischen Spielen 2008 in Peking war sicherlich ein Highlight, weil ich dort auch noch zwei Runden gewinnen konnte und den neunten Platz erreichte.

Welche Ziele hast du noch?

Ich hoffe in nächster Zeit auf eine Medaille bei einer Europameisterschaft und langfristig wäre eine WM-Medaille und eine Medaille bei den Olympischen Spielen 2012 oder 2016 natürlich super.

Wie oft trainierst du?

Ich trainiere 8 x pro Woche in der Halle und 3 x im Kraftraum. Dazu gehe ich natürlich noch regelmäßig zum Laufen. Wichtig sind auch die regenerativen Maßnahmen, wie Physiotherapie und Sauna.

Hast du manchmal keine Lust zum Training? Was machst du dann?

Natürlich hat man oft keine Lust, morgens aufzustehen und ist müde vom vielen Training und den Wettkämpfen. Doch ich habe Ziele, die ich erreichen möchte und dafür ist regelmäßiges Training sehr wichtig. Wenn man in einer Trainingsgruppe trainiert, hat man Verpflichtungen seinen Mitspielern und Trainern gegenüber. Außerdem sollte man in jeder Trainingseinheit etwas finden, was einem Spaß macht und so die Motivation erleichtert.

Interessierst du dich für andere Sportarten? Welche Hobbys hast du?

Ich habe bis zu meinem 12. Lebensjahr Fußball gespielt, aber jetzt bin ich nicht mehr ganz so fußballbegeistert. Nach dem anstrengenden Training gestalte ich mir meine Freizeit so angenehm wie möglich. Ich höre sehr viel Musik und lese viele Bücher und Zeitungen.

Für viele junge Badmintonspieler bist du ein großes Vorbild. Welchen Tipp hast du für die jungen Spieler?

Um gut zu werden, benötigt man eine Menge Zeit und Geduld. Ich selbst bin nicht der Geduldigste, aber man kann Fortschritte leider nicht erzwingen. Das Allerwichtigste jedoch ist, immer mit Spaß an der Sache dranzubleiben und aus Niederlagen und Siegen zu lernen, sodass man im Training immer wieder neue Ziele hat.

Viel Spaß beim Badminton wünscht Euch Euer Marc Zwiebler

FANSEITE

Diese Spielerinnen, Spieler, Doppel oder Mixed finde ich toll:

Foto

Hier kannst du Autogramme von Spielern sammeln oder Bilder einkleben.

In jeder Zeile, in jeder Reihe und in jeder Diagonale erscheint jede Ballfarbe nur einmal. Zeichne die restlichen farbigen Federbälle an der richtigen Stelle ein!

TINA BEOBACHTET JULE IN DER SPORTHALLE.
DANN FRAGT SIE: „DU SPIELST WOHL GERN BADMINTON?"
„KLAR!", MEINT JULE.– „UND WARUM LERNST DU ES DANN NICHT?"

DER BADMINTONTRAINER FRAGT TOM: „WARUM KOMMST DU MIT SCHMUTZIGEN HÄNDEN ZUM TRAINING?"„ICH HABE KEINE ANDEREN!", ANTWORTET TOM.

4 OHNE FLEISS KEIN PREIS

Sicher hast du auch schon einmal davon geträumt, wie es ist, der Beste zu sein. Alle bejubeln, bestaunen und bewundern dich. Du spielst konzentriert, schnell und trickreich. Der Gegner hat keine Chance! Die Fans bestürmen dich natürlich und fragen nach Autogrammen. Dafür nimmst du dann die Glückwünsche deiner Mannschaftskameraden, deines Trainers, deiner Fans, deiner Freunde und deiner Eltern entgegen ...!

Aber, stopp! Nur auf der Wiese liegen und vom Erfolg träumen, reicht nicht!

Wenn du ein guter Badmintonspieler sein willst, vielleicht sogar besser als die anderen, musst du viel und fleißig üben. Das ist nicht immer einfach und macht auch nicht immer gleich viel Spaß.

Denke daran:
Vor dem Erfolg steht der Fleiß!

WICHTIG SIND ZIELE

Wenn du mit Badminton beginnst, musst du dir folgende Fragen beantworten:

Was ist mein Ziel? Warum übe ich so oft?

Einfach nur den Ball hin- und herzuspielen, macht Spaß. Aber bald wünschst du dir bestimmt, sicherer und schneller den Ball zu erreichen, genauer zu treffen und vor allem Punkte zu erzielen. Du willst die Rangliste anführen, zu einem erfolgreichen Doppel gehören oder mit deiner Mannschaft den Klassenaufstieg schaffen. Wie wäre es, von einem Bundesligatrainer entdeckt zu werden und in einem Spitzenklub zu spielen?

Natürlich bist du dafür jetzt noch zu jung. Trotzdem solltest du heute schon höhere Ziele vor Augen haben. Du musst wissen, was du willst. Wenn du kein Ziel hast, macht das Üben bald keinen Spaß mehr. Du steckst dir also immer höhere Ziele. So haben es auch die erfolgreichen Spieler gemacht.

Warum möchtest du das Badmintonspielen erlernen? Schreibe hier deine Ziele auf!

Da gibt es die „kleinen“ und nahen Ziele:
Im nächsten Training endlich den neuen Aufschlag zu schaffen oder das Trainingsspiel zu gewinnen.

Es gibt auch Ziele, die etwas ferner sind:
Im nächsten Turnier unter die besten Fünf zu kommen.

Und natürlich haben auch viele Badmintonspieler das ganz große Ziel:
Später bei Weltmeisterschaften und Olympischen Spielen erfolgreich zu sein und Medaillen zu erringen.

Womit kann ich mein Ziel erreichen?

Nun möchtest du bestimmt wissen, was du tun kannst, um deine Leistungen zu verbessern. Auf jeden Fall viel, viel Badminton spielen. Dazu kommen aber auch notwendige Übungen für das Schlägergefühl, das Techniktraining sowie Ausdauer- und Kraftübungen, die der Badmintontrainer mit euch durchführt. Bestimmt ist einiges dabei, das dir nicht so viel Spaß macht. Manches erscheint dir langweilig und viel zu anstrengend. Aber alle diese Übungen helfen dir, dein Ziel zu erreichen.

Wodurch kann ich mein Ziel noch besser erreichen?

Wie klappt es nun, dass du durch häufiges Üben immer besser wirst? Solange die Übungen leicht und locker ablaufen, machen die Muskeln nur das, was sie sowieso schon können. Erst wenn es etwas anstrengend ist und dir die Bewegung nicht mehr so leicht fällt, werden die Muskeln gestärkt. Du musst dich also mühen und belasten, um einen Fortschritt zu erreichen. Wenn du einmal längere Zeit nicht beim Badmintontraining warst, wirst du merken, dass du wieder etwas schlechter geworden bist und leichter außer Puste gerätst. Nun gilt es aufzuholen!

Also, je fleißiger und häufiger du übst, desto besser wirst du.

EINE GUTE KONDITION IST WICHTIG

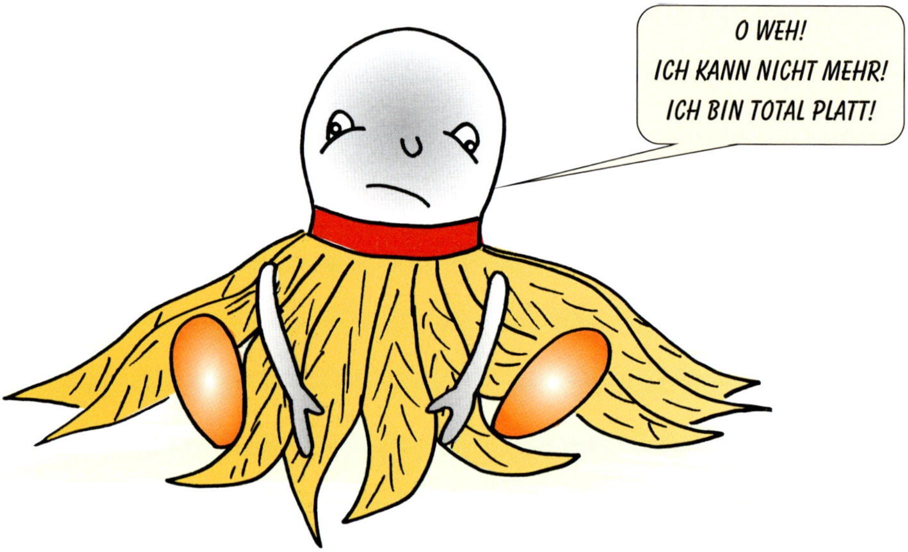

Oje, was ist denn mit Benny los? Er ist nach 10 Minuten Badminton spielen schon so geschafft, dass er kaum noch aufstehen kann! Ist dir das auch schon passiert? Kommst du auch so leicht außer Puste und bist schnell kraftlos? Dann musst du etwas für deine **Kondition** tun!

Was sollte ein Badmintonspieler besonders gut können? Streiche durch, was nicht so ganz wichtig ist. Wenn wir etwas vergessen haben, dann schreibe es dazu!

Flöte spielen

Ski fahren

schnell laufen

dribbeln

springen

geschickt mit dem Ball umgehen

schnell die Richtung ändern

beobachten

eine Stunde Sport treiben

zielgenau werfen

Witze erzählen

das Lauftempo wechseln

Was ist Kondition?

Beim Badmintonspiel musst du häufig sprinten, geschickt den Ball schlagen, kraftvoll springen, zielgenau treffen und immer aufmerksam sein. Hältst du das lange durch? Dann hast du bestimmt eine gute Kondition. Wenn nicht, dann macht das Spiel bald nicht mehr so viel Spaß und du solltest etwas für eine bessere Kondition tun. Das schaffst du vor allem durch regelmäßiges Üben.

Was brauchst du?

Eine gute **Ausdauer** brauchst du, um längere Zeit eine körperliche Anstrengung durchzuhalten. Beim Laufen, Springen, Radfahren oder Schwimmen kommst du dann nicht so leicht außer Atem. Wenn es mal anstrengend wird, dann bist du auch bald wieder erholt und fit.

Wenn du ein Spiel lang rennst, springst, blitzschnell loslaufen willst und dabei immer das Gleichgewicht halten willst, dann brauchst du in den Beinen starke Muskeln. Auch **Kraft** in den Armen, Händen und Fingern ist wichtig, damit du alle Schläge in der richtigen Technik ausführen kannst. Zudem brauchst du für einen stabilen Oberkörper starke Bauch- und Rückenmuskeln.

Außerdem ist es für einen Badmintonspieler wichtig, dass er sich schnell auf dem Spielfeld bewegen kann. Du musst blitzschnell reagieren und auch die Bewegung schnell ausführen. Dafür brauchst du **Schnelligkeit**.

Mal springst du hoch, spielst aus einer schwierigen Position oder erreichst einen scharf gespielten Ball. Auch wenn du einen tiefen Ball gerade noch rettest, ist eine gute **Beweglichkeit** wichtig.

Im Training werdet ihr nicht nur über das Netz spielen. Bestimmt macht euer Trainer mit euch eine Menge anderer Ballspiele, Turnübungen, Gymnastik und vieles mehr. Mach richtig mit, denn das alles ist gut für deine Kondition!

SO KANNST DU ÜBEN

1 Bewege dich!

- Joggen
- Rad fahren
- Skateboard fahren
- Schwimmen
- Handball spielen
- Fußball spielen
- Ski fahren
- Wandern

und noch vieles mehr.

2 Schnell und wendig

- **Slalomlauf**
  Baue dir eine Slalomstrecke aus Stäben, Hütchen oder Gegenständen auf. Laufe (oder springe) ohne Fehler geschickt hindurch und versuche, immer wieder deine Zeit zu verbessern.
- **Hoch und tief**
  Baue dir eine Strecke aus mehreren niedrigen Hürden, die hintereinander stehen, auf. Der Läufer springt über die erste Hürde, kriecht unter der nächsten Hürde durch, springt wieder usw.

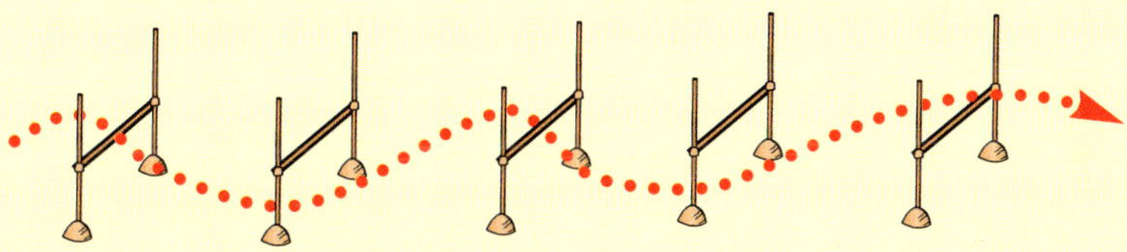

3 Balance und Geschicklichkeit

- **Das Gleichgewicht halten**
  Versuche, längere Zeit auf einem Bein zu stehen. Singe dabei ein Lied, klatsche in die Hände, schneide Grimassen oder mache lustige Bewegungen.
  Kannst du auf einem Bein ein bisschen in die Knie gehen und wieder aufstehen?

- **Balancieren**
  Balanciere auf einem Kreidestrich oder einem Balken.
  Im Wohngebiet findest du kleine Mauern und im Wald findest du umgestürzte Baumstämme zum Balancieren.
- **Geschicklichkeitsübungen**
  Viele sportliche Übungen erfordern Gleichgewichtssinn und Geschick. Probiere es mit Inlineskating, Schlittschuhlaufen, Stelzenlauf, fahre mit dem Mountainbike oder dem Einrad. Hast du schon einmal jongliert?

Welchen Sport betreibst du außer Badminton sonst noch gern?

ÜBUNGEN FÜR EINEN STARKEN RÜCKEN UND BAUCH

Für die schnellen Bewegungen im Badminton sind vor allem kräftige Rücken- und Bauchmuskeln wichtig. Hier haben wir dir einige Übungen zusammengestellt.

Kräftiger Rücken

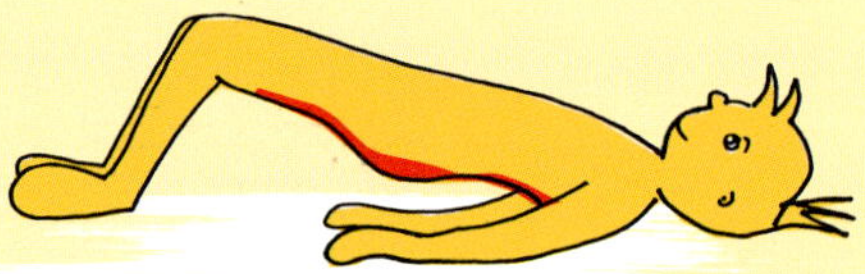

Du liegst auf dem Rücken und hebst dein Becken nach oben. Brustkorb, Bauch, Oberschenkel und Knie bilden eine gerade Linie (2 x 20 Sekunden).

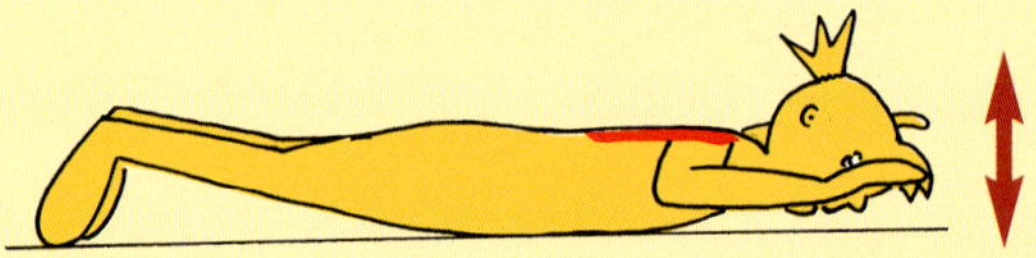

Lege dich flach auf den Bauch, winkle die Arme an und hebe Arme und Kopf leicht vom Boden ab. Der Blick bleibt auf den Boden gerichtet. (3 x 10 Sekunden)

Kräftiger Bauch

Wer seine Rückenmuskulatur stärkt, darf niemals die Stärkung der Bauchmuskulatur (des Gegenspielers) vergessen. Diese Muskelgruppen (Rücken- und Bauchmuskulatur) müssen so trainiert werden, dass sie im Gleichgewicht bleiben!

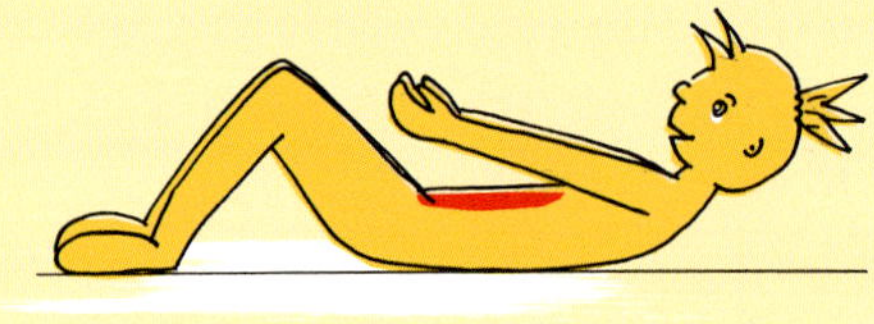

Lege dich auf den Rücken, deine Beine sind angewinkelt. Der Rücken ist fest auf dem Boden. Nun versuche, den Oberkörper leicht nach oben zu ziehen.

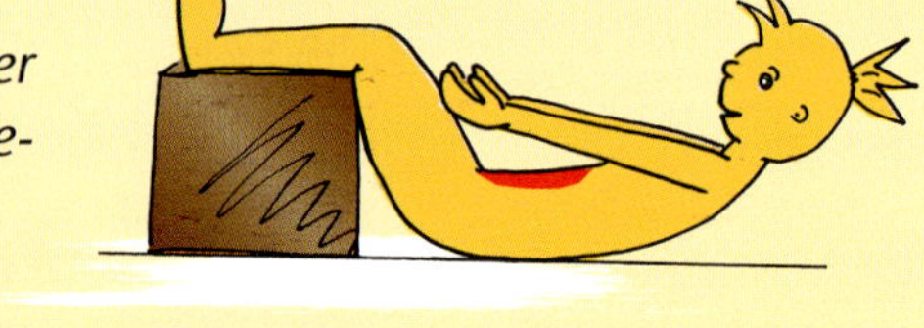

Lege nun die Beine auf einen Hocker oder einen Stuhl (jeweils 3 x 20 Wiederholungen).

Führe deinen rechten Ellbogen zum linken Knie und dann deinen linken Ellbogen zum rechten Knie. So trainierst du auch die ***schrägen Bauchmuskeln****.*

5 WAS DU ZUM SPIELEN BRAUCHST

Auch ein Badmintonanfänger möchte natürlich aussehen wie ein richtiger Badmintonspieler.

WAS GEHÖRT DAZU?

Badmintonspielen kannst du in jeder Sportkleidung. Dazu gehören eine Hose, ein Sporthemd, Sportsocken und Sportschuhe. Alles sollte bequem sein und darf dich beim Spielen nicht behindern. In der Halle sind die richtigen Sportschuhe mit rutschfester Sohle besonders wichtig. In denen solltest du beim Laufen und Springen festen Halt haben.

Toll wäre es natürlich, wenn du irgendwann ein richtiges Badmintontrikot hättest, das dazugehörige Röckchen oder die Hose, die passenden Sportsocken und die Superschuhe! Aber das ist am Anfang nicht notwendig.

Bist du in einem Verein, erhalten die Spieler und Mannschaften für die Turniere eine einheitliche Vereinskleidung.

DIE KLEIDUNG

Zum Badmintontraining trägst du bequeme und praktische Sportkleidung.

Hose und Oberteil

Die Hose oder der Rock und das Hemd sollten bequem sein und dich bei den Bewegungen nicht behindern.

Sportschuhe

Die Schuhe müssen gut passen und dir bei schnellen Sprints, Richtungswechseln, Sprüngen und Stopps guten Halt geben.

Eine helle oder abriebfeste Sohle verhindert hässliche Streifen auf dem Hallenboden.

DER SCHLÄGER

Jeder Badmintonspieler freut sich über seinen ersten eigenen Schläger. Für Kinder gibt es Schläger, die bis zu 5 cm kürzer sind als die der „Großen“. Am Anfang hilft dir der „Kinderschläger“ dabei, den Ball sicher zu treffen. Wie alle Sportgeräte gibt es auch die Badmintonschläger in allen Preisgruppen. Lass dich von deinem Trainer beraten!

Schlägerteile

Jeder Badmintonschläger hat einen **Griff** aus Holz. Dieser ist mit einem Griffband umwickelt, das das Rutschen verhindert. Der sehr dünne **Schaft** und der **Schlägerkopf** sind fast immer aus einem Stück. Das Material ist Stahl, Aluminium, Grafit oder Titan. Von der Art der Materials hängt auch der Preis des Schlägers ab.

Bespannung

Auch die **Bespannung** des Schlägers ist sehr wichtig – sie sollte nicht zu weich und auch nicht zu wenig elastisch sein. Manche kommen mit einer Bespannungshärte von 8-9 kg aus, andere spielen mit 12 kg. Je härter bespannt wird, desto empfindlicher wird die Bespannung. Trifft man dann den Ball am Rand der Schlagfläche, reißt die Saite ziemlich schnell.

DER BADMINTONBALL

Badmintonbälle bestehen aus Kunststoff oder aus echten Federn mit Korkfuß und Leder. Beide Sorten sind ziemlich teuer, aber die Plastikbälle halten etwas länger. Auf jeden Fall sollten die Bälle sorgsam behandelt werden.

Federbälle

Echte Federbälle werden in Asien handgemacht und wiegen nur 5 Gramm. Man nimmt 14-16 Gänse- oder Entenfedern, die in einen Fuß aus echtem Kork gesteckt werden. Dieser wird mit Leder bezogen, bevor man alles verklebt.

Federbälle kannst du auch selbst schnell oder langsam machen, indem du die Federn nach innen oder außen biegst. Aber, Vorsicht – lass es dir lieber von einem erfahrenen Spieler zeigen!

Geschwindigkeiten der Bälle

Die Plastikbälle gibt es in drei Geschwindigkeiten:

grün = langsam
blau = mittel
rot = schnell

Federbälle verformen sich sehr schnell und können dann leider nur noch für Trainingsspiele verwendet werden.

DAS NETZ

Das Netz ist an den Seiten 155 cm hoch und wird rechts und links von zwei Ständern in dieser Höhe gehalten. In der Mitte ist es etwas tiefer (152,4 cm), sodass es sorgfältig gespannt sein muss – nicht zu fest und nicht zu locker! Im Training müsst ihr nicht immer so ganz genau nachmessen, aber im Wettkampf nehmen die Schiedsrichter den Zollstock!

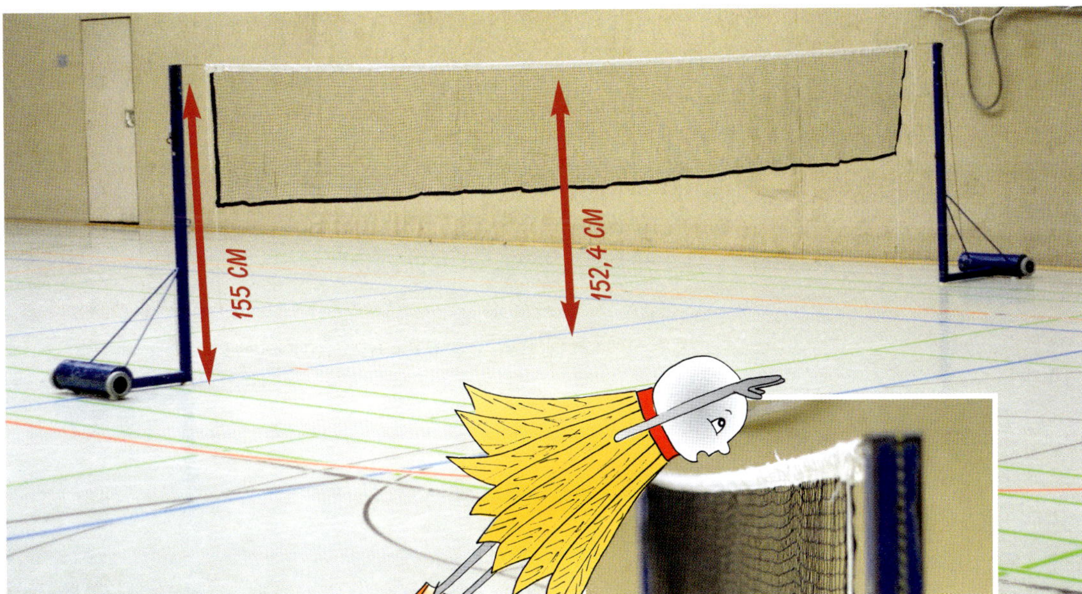

Das Netz ist nicht immer der beste Freund des Badmintonspielers. Zu oft passiert es leider, dass du den Ball ins Netz schlägst – und dann bekommt dein Gegner den Punkt. Auch mit dem Schläger darf das Netz nicht berührt werden. Ein toller Netzroller mit dem Federball ist erlaubt und kein Problem.

DAS SPIELFELD

Eine geeignete Spielfläche für das Badmintonspiel, ob für einen oder mehrere Spieler, ist schnell gefunden. Im Freien müsst ihr jedoch auf die Windverhältnisse achten!

Da eignen sich:

- Sporthalle,
- Schulhof,
- Sportplatz,
- Garageneinfahrt,
- Freiplatz oder
- Strand.

Das kann sein:

- Parkett- oder Kunststoffboden,
- Asphalt- oder Hartplatz,
- Sand oder Wiese.

Markierungslinien

Eine Sporthalle eignet sich für viele Ballsportarten, deshalb findest du auch eine große Menge farbiger Markierungslinien. Schau dir genau an, welche davon die Badmintonlinien sind.

Weil Kinder noch nicht solch eine große Schlag- und Laufkraft haben, spielen sie im Training und Turnier am besten nur auf dem Halbfeld.

LINIEN UND MASSE

Auch wenn du als Anfänger erst einmal nur auf einer Spielfeldhälfte spielst, interessierst du dich doch bestimmt für all die vielen Linien und Maße eines Badmintonfeldes. Hier haben wir sie aufgezeichnet.

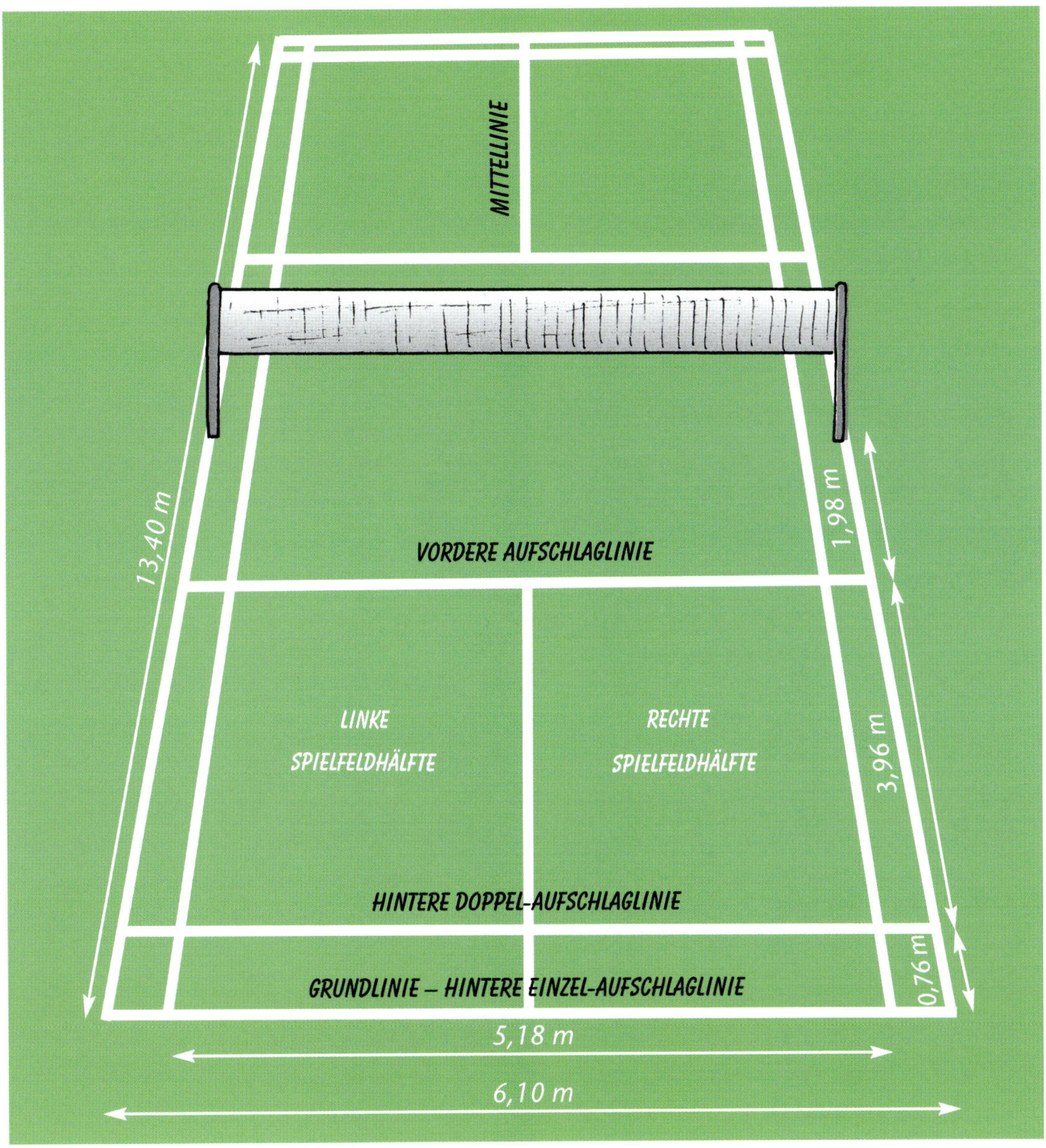

ALLES EINGEPACKT?

Du bist ganz aufgeregt, weil es zum Spiel in eine andere Stadt geht. Du hast fleißig trainiert und fühlst dich gut vorbereitet. Nun stell dir aber vor, du kommst zum Spielort, stehst in der Umkleidekabine, räumst deine Sporttasche aus und … wo sind die Schuhe? Deine toll eingelaufenen „Superspielschuhe" sind daheim – weit weg! Einfach vergessen! Borgen kann dir auch niemand seine Schuhe, die würden ja auch nicht richtig passen! Dass du nun nicht mitspielen kannst, ist nicht nur ärgerlich für dich, sondern sicher auch ein großes Problem, wenn du im Doppel spielst.

Deine Eltern können natürlich beim Taschepacken helfen, aber jeder Spieler ist selbst für seine vollständige und ordentliche Spielausrüstung verantwortlich!

DIE CHECKLISTE

Viele Sportler kennen das bange Gefühl, vor einem entscheidenden Spiel oder Turnier etwas zu vergessen. Deshalb ist es wichtig, alles rechtzeitig vorzubereiten. Packe deine Sporttasche am Abend zuvor, so kannst du beruhigt schlafen gehen.

Bei vielen erfolgreichen Sportlern hat sich eine Checkliste bewährt. Du schreibst alles auf, was du mitnehmen willst. Was eingepackt ist, bekommt ein Häkchen. Verwende einen Bleistift, damit du das Häkchen vor dem nächsten Packen immer wieder ausradieren kannst.

MEINE CHECKLISTE

- ☐ SPORTHEMD
- ☐ SPORTHOSE
- ☐ SPORTSOCKEN
- ☐ SPORTSCHUHE
- ☐ SCHLÄGER
- ☐ DUSCHZEUG
- ☐ ______________________
- ☐ ______________________
- ☐ ______________________
- ☐ ______________________
- ☐ ______________________

Auf die leeren Zeilen schreibst du, was du sonst noch nicht vergessen darfst.

Das gehört in die Sporttasche. Haben wir etwas vergessen? Male oder schreibe es dazu!

Obst für den kleinen Hunger.

Wasser oder Fruchtsaftschorle gegen den Durst.

Duschzeug.

Nach dem Schwitzen und dem Duschen ist die Mütze an kühleren Tagen sehr wichtig.

Der Glücksbringer.

Wenige Naschereien sind auch manchmal wichtig.

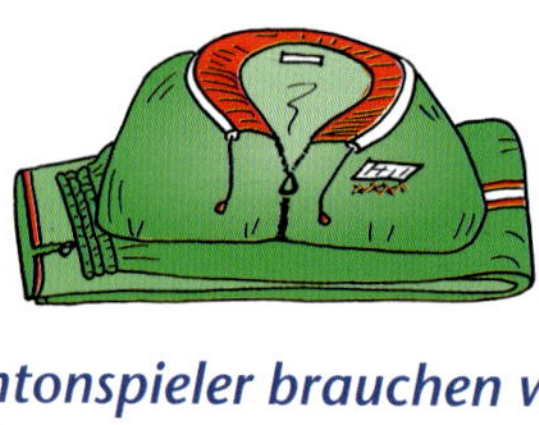

Badmintonspieler brauchen warme Muskeln. Vor dem Spiel und in den Pausen ziehen sie deshalb einen Trainingsanzug an, um sich vor Auskühlung zu schützen.

6 DAS SCHLÄGER-BALL-GEFÜHL

Was ist eigentlich das Ballgefühl?

Ist es die Freude des Balls, wenn er durch die Luft wirbelt?

Oder ist es vielleicht der Schmerz, den er bei einem harten Aufprall empfindet?

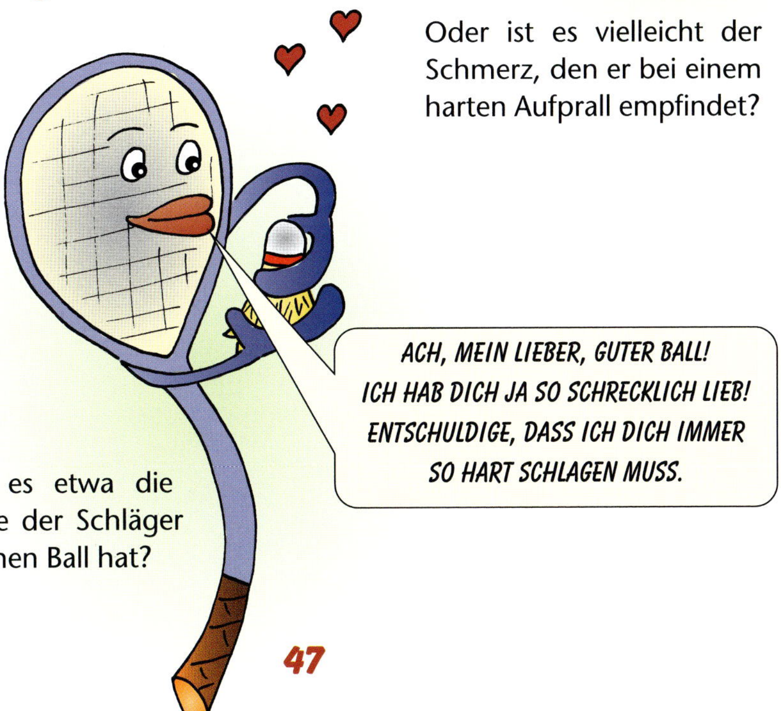

Oder sind es etwa die Gefühle, die der Schläger für den kleinen Ball hat?

DAS IST DAS SCHLÄGER-BALL-GEFÜHL

Mit dem *Schläger-Ball-Gefühl* ist gemeint, wie gut ein Spieler den Ball mit dem Schläger spüren kann. Er fühlt, wie der Ball aufkommt, wie viel Kraft er beim Schlagen des Balls aufwenden muss und wie der Ball angenommen werden kann. Ein guter Badmintonspieler muss dieses Gefühl haben.

Wer auf dem Spielfeld am besten mit dem Ball umgehen kann, wird siegen.

Im Spiel musst du den Ball kontrollieren. Der Ball kommt übers Netz, du nimmst ihn sicher an und spielst ihn geschickt zurück. Du bist der Chef und zeigst dem Ball, wo es langgeht! Nicht der Ball macht mit dir, was er will! Du bestimmst die Richtung, die Härte und das genaue Ziel deine Schlags!

Dabei musst du schnell reagieren. Beim Badminton kann der Spieler nicht den Ball fangen, festhalten und dann überlegen, wie es weitergeht. Er muss schnell seine Entscheidungen treffen und blitzschnell reagieren. Das gelingt nur bei einem sehr guten Gefühl für den Ball. Dieses Schläger-Ball-Gefühl erreichst du durch viel, viel Üben.

Sogar die besten Badmintonspieler machen immer wieder Übungen, um ihr Schläger-Ball-Gefühl zu verbessern. Am besten ist, du nimmst dir jeden Tag etwas Zeit dafür. Übungen findest auf den nächsten Seiten.

Viel Spaß!

ÜBUNGEN FÜR DAS BALLGEFÜHL

Wie kannst du üben?

Im Stehen, im Sitzen, beim Laufen ... nimm deinen Schläger und einen Ball und übe!

Wo kannst du üben?

Für die Übungen brauchst du nicht viel Platz. Du kannst draußen auf der Wiese, im Garten und auch drinnen im Zimmer üben, wenn es niemand stört. Du musst nur aufpassen, dass nichts zu Bruch geht!

Womit kannst du üben?

Der Schläger und der Ball sind deine Sportgeräte. Dabei kannst du ruhig unterschiedliche Schläger und verschiedene Bälle ausprobieren.

Wie schnell musst du üben?

Natürlich soll ein Spieler sehr flink mit Schläger und Ball umgehen können. Aber das geht nicht sofort. Du führst die Übungen erst langsam aus und versuchst, mit jedem Mal schneller zu werden. Später muss es genau und schnell gehen!

SCHLÄGERHALTUNG

Der Schläger ist im Badmintonspiel das wichtigste Instrument und funktioniert wie dein verlängerter Arm. Deshalb musst du sehr sicher und geschickt damit umgehen können.

- *Er wird so gehalten, dass er dir bei einem kräftigen Schlag nicht aus der Hand fällt und dem Ball nicht nachfliegt.*
- *Der Badmintonschläger muss vor dem Treffen des Balls aber auch so locker gehalten werde, dass du ihn schnell drehen und bewegen kannst.*

Der V-Griff

Die wichtigste Schlägerhaltung im Badmintonspiel ist der **V-Griff**. Damit hast du die Voraussetzung, um alle wichtigen Schläge auszuführen. Für den Anfänger ist dieser Griff erst einmal ausreichend.

Fasse den Schläger, also ob du ihn begrüßen willst: „Guten Tag!"

Aus dem V-Griff heraus kannst du schnell in zwei weitere Griffarten wechseln. Das gelingt dir aber nur, wenn du den Schläger nicht krampfhaft festhältst! Es sollte immer ein Wechsel von Lockerlassen und Festhalten sein.

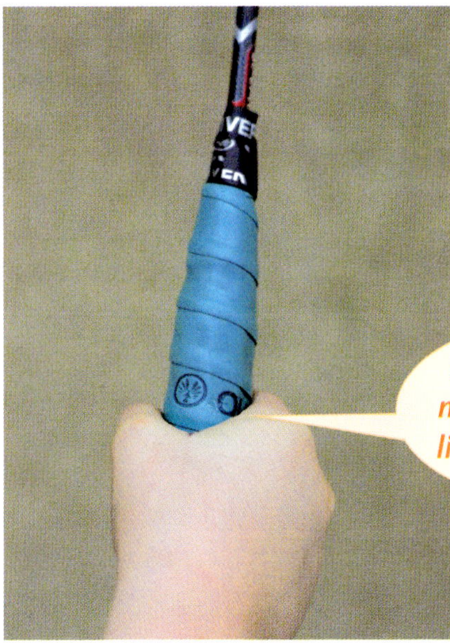

Vorhand-Rush-Griff

Mit diesem Griff kannst du vor allem alle Schläge auf der Vorhandseite spielen. Dabei hältst den Schläger nur mit dem vorderen Teil des Daumens und den restlichen Fingern.

Der Schläger wird mit der Hand etwas links herumgedreht.

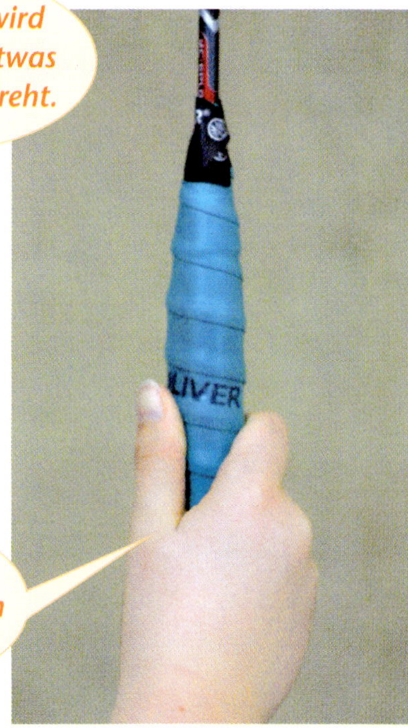

Rückhand-Daumen-Griff

Vom V-Griff in den Rückhand-Daumen-Griff wechselst du bei allen Rückhandschlägen vor dem Körper.

Der Daumen liegt auf der breiten Seite des Griffs.

Eine richtig ausgeführte Schlägerhaltung ist ganz wichtig für das Badmintonspiel. Wer darauf nicht achtet, kann die Schläge nicht gut erlernen!

SO KANNST DU ÜBEN

Der Badmintonschläger ist dein Sportgerät und du wirst immer vertrauter und sicherer mit ihm. Trotzdem muss sich auch das richtige Gefühl für die Griffhaltung und die korrekte Lage des Griffs erst entwickeln. Hier findest du einige Übungen, die du auch daheim und mit Freunden ausführen kannst.

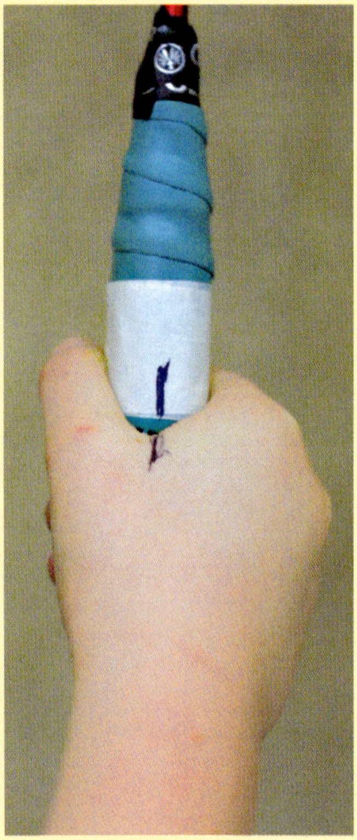

Mit Markierung

Wickle einen Klebestreifen um deinen Schlägergriff und markiere darauf mit einem Strich die Mitte der schmalen Seite. Nun markiere auch die Falte zwischen deinem Daumen und dem Zeigefinger.

Bewege jetzt deinen Schläger im V-Griff, wechsle in den Rush-Griff und in den Daumengriff und spiele einige Bälle.

- *Kontrolliere immer, ob die Striche noch übereinander sind.*
- *Schau nicht immer hin! Sondern erst nach einiger Zeit schaust du auf deine Markierungen. – Sind die beiden Striche noch beisammen?*

Supermaler

Halte deinen Schläger mit korrekter Griffhaltung und schreibe so Wörter in die Luft. Deine Freunde müssen erraten, was du geschrieben hast!

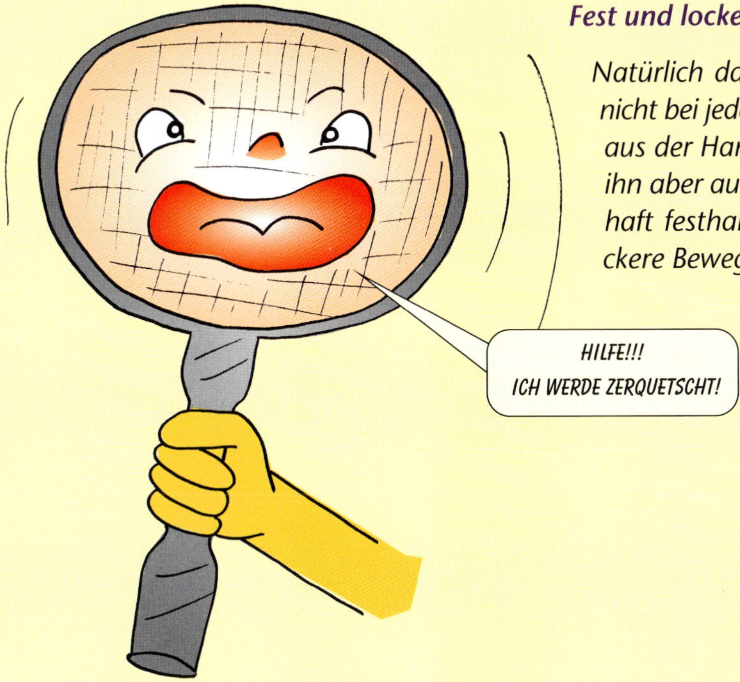

Fest und locker

Natürlich darf dir der Schläger nicht bei jedem kräftigen Schlag aus der Hand fallen! Du darfst ihn aber auch nicht so krampfhaft festhalten, dass keine lockere Bewegung mehr möglich ist! Finde das richtige Maß!

Jonglieren

Spiele den Badmintonball mit dem Schläger nach oben. Wie viele Wiederholungen schaffst du?

- *Spiele nur ganz kurze Bälle.*
- *Spiele nur ganz hohe Bälle.*
- *Spiele zwei kurz – zwei lang – zwei kurz – zwei …*
- *Wer schafft die meisten Wiederholungen?*
- *Wer hält am längsten durch?*

Mein Rekord:

Schreibe die Zahl mit Bleistift auf, damit du sie bei einer Verbesserung wieder ausradieren kannst!

Kontrolliere immer wieder deine Schlägerhaltung!

FEHLER, DIE DU BEI DER GRIFFHALTUNG VERMEIDEN MUSST

Schau dir an, wie die Spieler den Schläger halten. Was machen sie dabei falsch? Die Auflösungen findest du hinten im Buch.

1

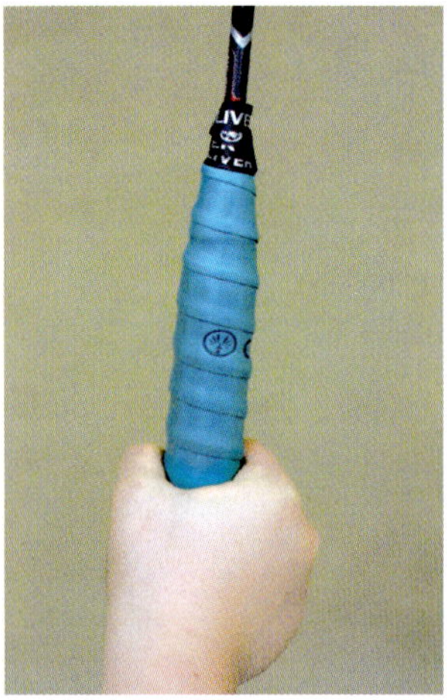

2

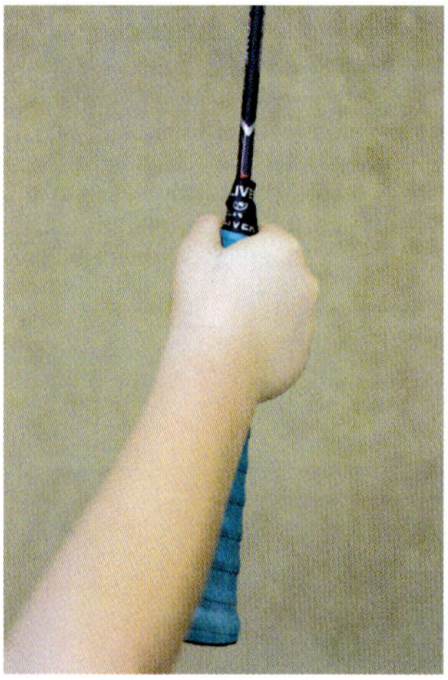

3

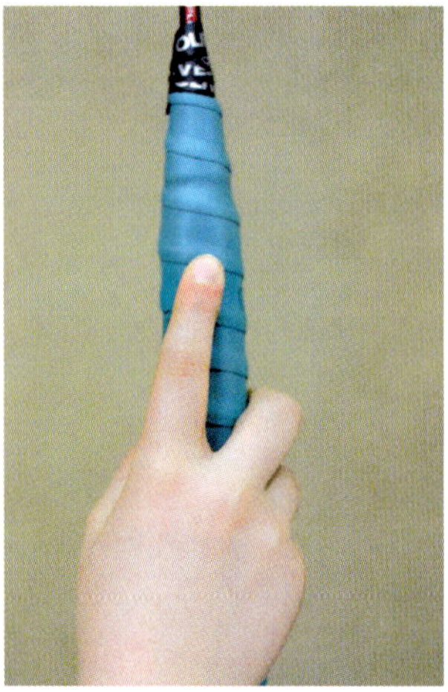

4

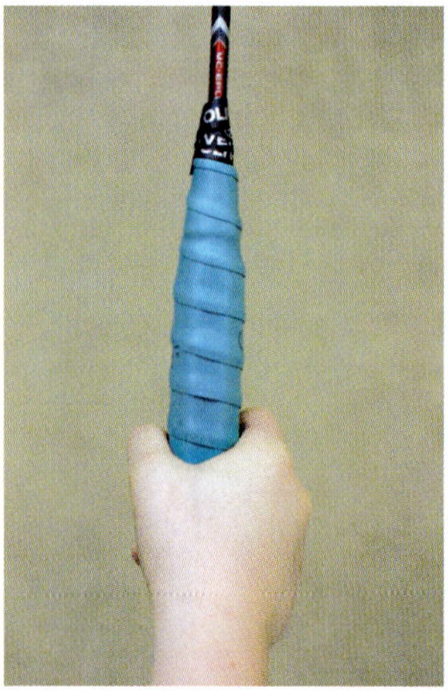

Welche Hinweise gibt dir dein Trainer? Gibt es einen Fehler bei der Griffhaltung, den du leider immer wieder machst?

Schreibe dir doch einfach mal auf, wie oft du in der Woche übst.

In die obere Zeile kommt die Woche und darunter machst du einen Strich, wenn du geübt hast.

WOCHE	1.	2.									
ANZAHL	卌										

7 LAUFEN UND SCHLAGEN

Was gibt es Tolleres beim Badminton, als den Ball gezielt auf die gegnerische Seite zu spielen – natürlich so, dass der Gegner ihn nicht mehr erreicht! Du springst hoch, läufst schnell und mit einem riesigen Ausfallschritt kommst du an einen fast unerrreichbaren Ball. Die Zuschauer sind begeistert!

Vielleicht wirst du deinen Gegenspieler fast zur Verzweiflung bringen, wenn du unberechenbar spielst, die schärfsten Bäll erreichst, und millimetergenau den Ball platzierst.

Alle diese erfolgreichen Aktionen sind das Ergebnis fleißigen Übens. Für jede Spielsituation gibt es spezielle Techniken, die immer wieder trainiert werden. Dafür ist es wichtig, dass du ganz genau weißt, wie die Bewegung abläuft.

Auf den nächsten Seiten haben wir die wichtigsten Bewegungen für den Badmintonanfänger dargestellt.

BEREITSCHAFTSSTELLUNG

Badminton ist schnell. Die Spieler müssen sehr aufmerksam sein und immer die Spielsituation verfolgen. Wie kommt der Ball? Kommt er hoch, tief, scharf, weit oder kurz? Blitzschnell will ein Badmintonspieler in jeder Situation reagieren. Daher nimmt er nach jedem seiner Schläge und vor jedem Schlag des Gegners eine Bereitschaftsstellung ein. Arme und Beine sind leicht gebeugt und zu jeder Bewegung bereit.

Ohne Körperspannung geht gar nichts! In der Bereitschaftsstellung sind alle Muskeln angespannt und zu jeder Bewegung bereit! Sei ein Tiger und kein Kätzchen!

„Schläger klar!"

Je nach Spielsituation können die Spieler auch andere Formen der Bereitschaftsstellung einnehmen.

Offensive Bereitschaft

Dabei ist der Schläger ungefähr in Kopfhöhe.

Defensive Bereitschaft

Dabei ist der Schläger tief.

GUT ODER NICHT GUT?

Schau dir an, wie das Fehlermännchen während des Spiels steht. Welche Körperhaltung findest du gut und welche nicht so gut?

Die Lösungen findest du im Auflösungskapitel.

POSITION DES SCHLÄGERS

Über Kopf: So erreichst du sehr hohe Bälle.
Seithand: So erreichst du Bälle, die seitlich von deinem Körper kommen.
Unterhand: So erreichst du besonders tiefe Bälle.

Auf den nächsten Seiten haben wir einige der wichtigsten Schläge zu jeder Position beschrieben.

TREFFBEREICHE

Mit deinem Schläger hast du eine sehr große Reichweite. Du kannst alle Bälle um deinen Körper herum, die in diese Reichweite kommen, erreichen.

Stelle dir vor, dein Schläger ist wie der Zeiger an einer Uhr.

Damit man sich besser verständigen kann, gibt es für die einzelnen Treffbereiche genaue Bezeichnungen.

Vorhand-Treffbereiche

Rückhand-Treffbereiche

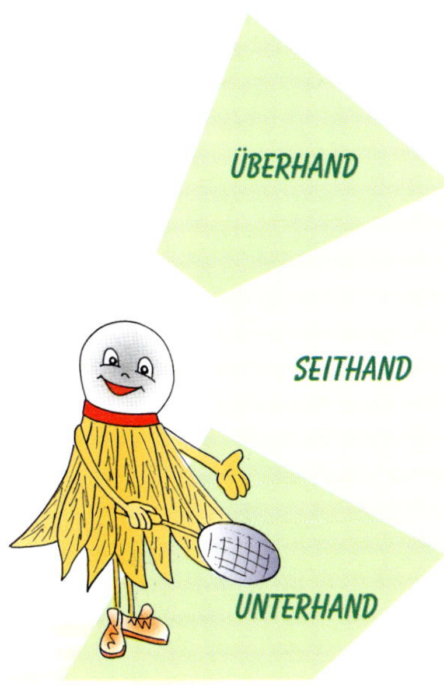

FLUGKURVEN

Die Schläge mit Vorhand und Rückhand und aus verschiedenen Treffbereichen führen zu unterschiedlichen Flugkurven – das willst du ja auch, um deinen Gegner erfolgreich auszuspielen! Er soll weite Wege haben und deinen Ball schwer erreichen!

Je nachdem, wie du den Schlag ausführst, kannst du verschiedene Bereiche des Spielfeldes erreichen. In diesem Buch beschreiben wir dir die wichtigsten Arten:

1. Überkopf-Clear
2. Lob
3. Netzdrop
4. Drop
5. Smash (siehe „Ich trainiere Badminton")
6. Drive (siehe „Ich trainiere Badminton")

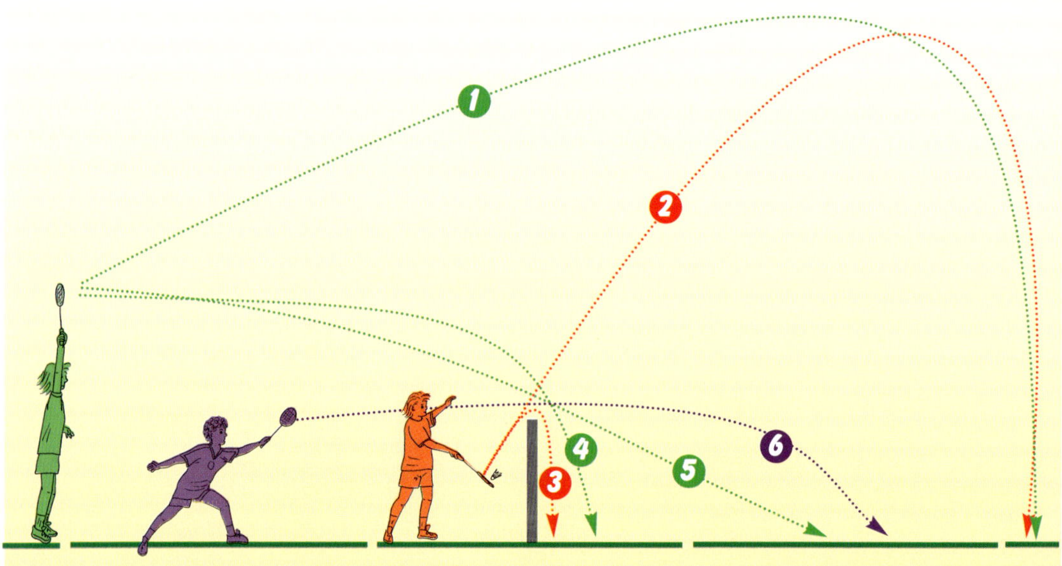

ABLAUF DER SCHLAGBEWEGUNGEN

Der Ablauf aller Schläge im Badminton lässt sich in vier Etappen einteilen. Für Sportler, Trainer und natürlich auch Bücherschreiber ist das eine gute Möglichkeit, sich schnell und eindeutig über die einzelnen Phasen zu verständigen.

0 Start der Schlagbewegung

Mit der **Nullstellung** ist die Startposition des Schlags gemeint. Hier beginnt die Schlagbewegung. Du kannst sie erst beginnen, wenn du weißt, wohin der Ball kommt.

1 Bewegung weg vom Ball

Nun erfolgt die Bewegung in die entgegengesetzte Richtung – weg vom Ball. Bei festen Schlägen ist es eine Unterarmdrehung mit Beugen des Ellbogens. Diese Bewegung ist ruhig und kontrolliert. Die Finger halten den Schläger locker am Griff.

2 Bewegung hin zum Ball

Jetzt führst du den Schläger hin zum Ball. Bei harten Schlägen drehst du den Unterarm wieder zurück und der Ellbogen wird fast gestreckt. Beim Treffen des Balls halten die Finger den Schläger richtig fest.

3 Ausschwung nach dem Schlag

Nach dem Treffen des Balls schwingt der Schläger aus. Manchmal ist dies nur ein kleines Stück – bei festen Schlägen etwas größer. Nach dieser Phase nimmst du schnell wieder die Bereitschaftsstellung ein.

HOHER, LANGER VORHANDAUFSCHLAG

Anfänger und Fortgeschrittene machen im Einzel hauptsächlich lange, hohe Aufschläge. Dadurch kommt der Ball weit nach hinten, der Gegner wird ganz nach hinten gedrängt und du hast genug Zeit, den nächsten Schlag vorzubereiten. Von ganz hinten wäre es für Anfänger noch recht schwierig, das gesamte Spielfeld gleich gut anzuspielen.

0

- *Die Beine sind leicht gebeugt.*
- *Bequeme Fußstellung.*
- *Eine Hüftdrehung muss möglich sein.*
- *Der Ball wird am Korkfuß gehalten.*

1

- *Beim Ausholen wird der Schlägerkopf in Schulterhöhe nach hinten (nicht zur Seite!) geführt.*
- *Die Hüfte dreht nach hinten und das Körpergewicht wird deutlich auf den hinteren Fuß verlagert.*
- *Am Ende dieser Phase wird der Ball leicht nach vorn außen geworfen.*

Spiele beim langen Aufschlag den Ball so hoch, dass er nicht durch die Reichweite des Gegners fliegt.

2

- *Der Schläger wird eng am Körper nach vorn geschwungen.*
- *Die Hüfte dreht dabei nach vorn, sodass das Gewicht auf den vorderen Fuß wechselt.*
- *Der Treffpunkt des Balls ist schräg vor dem Körper.*
- *Der Griff ist dabei fest.*

3

- *Der Schläger schwingt fast automatisch zur anderen Seite.*
- *Er wird nicht ruckartig abgebremst.*

Darauf musst du beim langen Aufschlag achten

Es gibt viele wichtige Punkte, auf die du beim langen Aufschlag achten musst. Aber nur so wird er dir gut gelingen! Doch beim Üben ist es für den Anfänger schwierig, auf alles gleichzeitig zu achten. Die meisten Neulinge sind froh, wenn der Ball überhaupt die andere Spielfeldhälfte erreicht!

Wichtig ist, dass du dir die richtige Technik zeigen und erklären lässt, damit sich nichts Falsches einprägt. Auch die Bilder im Buch werden dir helfen.

Nimm dir im Training immer einzelne Bewegungsmerkmale besonders vor, auf die du achten willst.

Immer wieder wird dir dein Trainer Hinweise geben. Du kannst aber auch deine Bewegung in einem großen Spiegel verfolgen oder deine Trainingskameraden bitten, dir Tipps zu geben.

ACHTUNG, FEHLER!

Schau dir die Fehlermännchen genau an! Was machen sie beim langen Aufschlag falsch?

Wenn du nicht immer die weiten Bälle aufsammeln willst, dann übe am besten gegen eine Wand!

SO KANNST DU ÜBEN

Für die Zeiten, in denen kein Training in der Halle stattfindet, haben wir hier einige Übungen für dich.

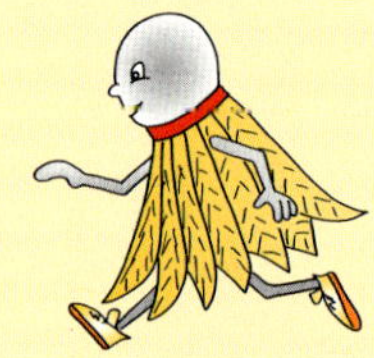

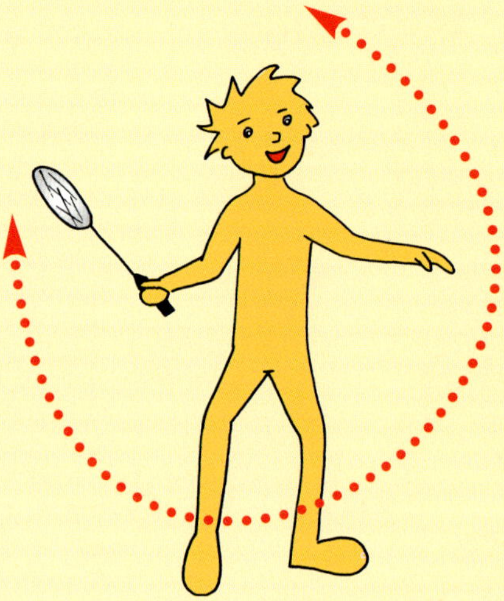

1 Übungen ohne Ball

Ist kein schönes Wetter, um nach draußen zu gehen, kannst du auch im Zimmer üben. Für Übungen ohne Ball brauchst du nur ausreichend Platz für das Schwingen deines Schlägers. Also: Blumenvasen in Sicherheit bringen und los geht's!

Achte dabei immer auf:

- *Korrekte Schlägerhaltung.*
- *Seitliche Ausgangsstellung und dann Drehung in der Hüfte.*
- *Schläger wird eng am Körper geführt.*
- *Gutes Ausschwingen.*

Stelle dir vor, du zeichnest mit dem Schläger seitlich von dir einen Kreis in die Luft.

2 Ziele treffen

Hast du ausreichend Platz auf der Wiese, in der Spielstraße oder in einer Halle, dann versuche, mit dem langen Aufschlag Ziele zu treffen oder bestimmte Höhen zu überwinden.

- *Markiere mit Kleidungsstücken, Stöcken, Kreidestrichen o. Ä. Ziele in größerer Entfernung (etwa ... Schritte), die du mit dem Ball treffen willst.*
- *Markiere dir eine Höhe über eine gespannte Schnur, einen kleineren Baum oder ein Netz, die du mit dem langen Aufschlag überwinden musst.*

3 *Aufschlag gegen eine Wand*

Suche dir eine Wand im Freien oder im Zimmer, gegen die du ohne Probleme den Ball schlagen kannst.

Markiere dir Ziele mit Kreide (Wenn es erlaubt ist!) oder mit Klebestreifen. Nun versuche, die Ziele zu treffen.

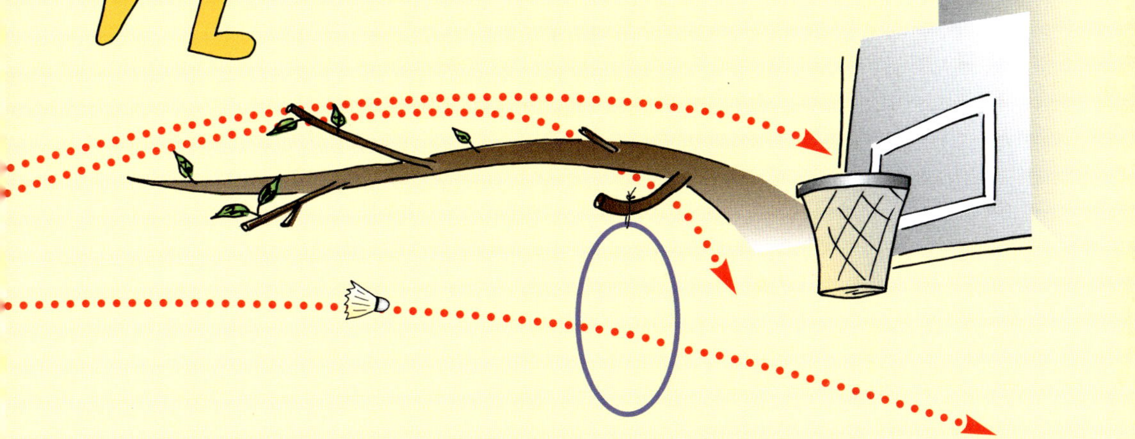

- *Hänge einen Gymnastikreifen an einen Baum und versuche, hindurchzuschlagen.*
- *Schlage den Ball in einen Basketballkorb.*
- *Versuche, den Ball über einen Partner zu schlagen, der mit hoch erhobenem Schläger mit Abstand zu dir steht.*

Natürlich macht es besonders viel Spaß, mit einem Partner oder Freunden zu üben. Ihr könnt euch gegenseitig korrigieren und Wettbewerbe machen. Vielleicht haben aber auch Geschwister oder Eltern Spaß daran.

KURZER RÜCKHANDAUFSCHLAG

Im Doppel wird fast immer kurz aufgeschlagen, weil du durch das kürzere Aufschlagfeld den Gegner nicht so gut zurückdrängen kannst. Du musst auch keine Angst haben, dass du nach einem kurzen Aufschlag gefährlich angespielt wirst – der Partner nimmt ja diese langen Bälle an!

0

- *In Schrittstellung (schulterbreit) stehen die Füße etwa eine Fußlänge hintereinander.*
- *Der Schläger zeigt schräg nach unten.*
- *Du hältst den Ball mit Daumen und Zeigefinger dicht an die Bespannung des Schlägers.*

1

- *Deine Hand führt den Schläger leicht zum Körper zurück.*
- *Der Ball wird nicht geworfen oder zu früh fallen gelassen.*

Alle guten Badmintonspieler führen den kurzen Aufschlag mit der Rückhand aus. Dieser ist genauer, weil der Weg kürzer ist!

Der kurze Aufschlag mit der Rückhand ist leichter zu erlernen.

2

- *Die Schlagbewegung ist eine Art „Schiebebewegung".*
- *Die Bewegung kommt aus dem Ellbogengelenk.*
- *Du lässt den Ball los und triffst, kurz bevor er fällt.*
- *Der Ball wird am Kork getroffen.*

3

- *Der Ausschwung ist ganz gering, weil der Ball ja nur ganz leicht getroffen wird.*

Darauf musst du beim kurzen Rückhandaufschlag achten

Es gibt viele wichtige Punkte, auf die du beim kurzen Aufschlag achten musst. Auf diesen Seiten haben wir noch einmal das Wichtigste dargestellt. Auch dein Trainer wird dir wichtige Hinweise geben und dich auf Schwerpunkte aufmerksam machen.

Achte darauf, dass du beim Aufschlag nicht gehst! Das ist ein Fußfehler und gegen die Regel.

ACHTUNG, FEHLER!

Schau dir die Fehlermännchen genau an! Was machen sie beim kurzen Aufschlag falsch? Die Lösungen findest du am Ende des Buches.

3

4

5

SO KANNST DU ÜBEN

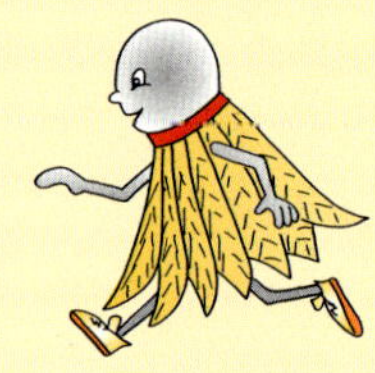

Für die Zeiten, in denen kein Training in der Halle stattfindet, haben wir hier einige Übungen für dich. Suche dir einen geeigneten Platz auf der Wiese, der Spielstraße oder dem Sportplatz – und los geht's!

1 Zielen

Baue dir ein Ziel auf und versuche, dieses Ziel mit den gespielten Bällen zu treffen.

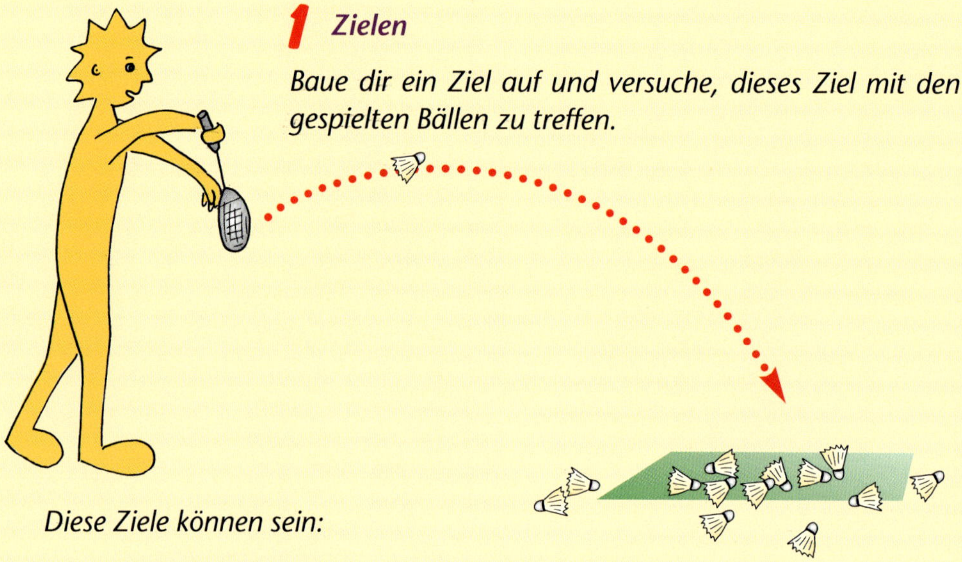

Diese Ziele können sein:

- ein Handtuch,
- ein Kreidekreis oder Kreideviereck,
- eine Schüssel … oder vieles mehr!

2 Viele Bälle auf das Ziel

Lege dir sehr viele Badmintonbälle bereit und spiele sie mit dem kurzen Rückhandaufschlag ganz schnell auf das Ziel. Denke dir Wettbewerbe aus – gegen dich selbst oder gegen einen Partner, der mitübt.

Achte bei allen Übungen immer auf die korrekte Schläger- und Ballhaltung!

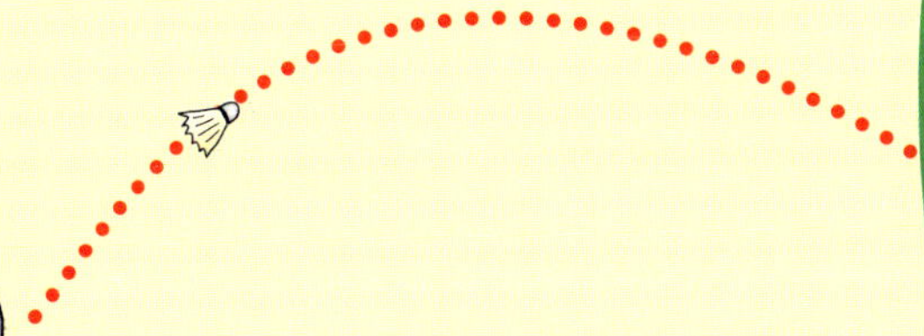

3 „Toreschießen“

Ein Partner hält in nicht zu weitem Abstand einen Gymnastikreifen, einen größeren Bilderrahmen o. Ä. nach oben und du versuchst, hindurchzuspielen.

VORHANDLOB AUS DEM VORDEREN FELD

Es gibt zwei Techniken:

1. Bei tiefem Treffpunkt schlägst du mit einer kräftigen Unterarmdrehung eher **unter** den Ball – wie beim hohen, langen Vorhandaufschlag.
2. Bei hohem Treffpunkt schlägst du mit einer „Beuge-streck-Bewegung“ des Ellbogens. Diese kannst du hier sehen!

0

- *Der Schläger wird locker im V- oder Rush-Griff gehalten.*
- *Die Schlagfläche zeigt in Richtung des zu erwartenden Balls.*
- *Der Ellbogen ist vor dem Körper.*
- *Der Schlägerarm wird fast gestreckt.*

1

- *Für die Vorspannung wird der Schlägerkopf leicht zurückgenommen.*
- *Das Handgelenk ist gebeugt.*
- *Dabei wird der Schlägerarm (hier rechts) leicht gebeugt.*
- *Mit dem rechten Bein machst du einen Ausfallschritt.*

Mit diesem Schlag gelingt es dir, auf der Vorhandseite vom Netz ganz nach hinten zu schlagen. Das ist eine gute Möglichkeit, deinen Gegner zu überspielen.

Trotz schneller Bewegung und Ausfallschritt bleibt der Oberkörper aufrecht! Die Schlagbewegung erfolgt aus dem Beugen-Strecken des Ellbogens oder aus der Unterarmdrehung.

2

- *Ellbogen, Hand und Schulter werden schnell nacheinander explosiv nach vorn gebracht.*
- *Der Schlag erfolgt mit einer Streckbewegung des Ellbogens.*
- *Der Arm ist im Treffpunkt fast gestreckt.*
- *Der Treffpunkt ist möglichst hoch und vor/neben der Hand.*
- *Der rechte Fuß setzt gleichzeitig mit dem Treffen auf.*

3

- *Der Schläger schwingt je nach Bewegung nach vorn oder über die Schulter der Gegenseite aus.*
- *Der Oberkörper schwingt nicht mit.*
- *Nach dem Treffpunkt des Balls drückst du dich aus dem Ausfallschritt wieder aus der Ecke heraus.*

RÜCKHANDLOB AUS DEM VORDEREN FELD

Es gibt zwei Techniken:

1. Wenn dein Treffpunkt recht tief ist, schlägst du mit einer kräftigen Unterarmdrehung eher **unter** den Ball. Dabei wird der Schläger deutlich hinter die Hand und neben den Körper geführt.
2. Wenn der Treffpunkt eher hoch ist, schlägst du mit einer „Beugestreck-Bewegung" des Ellbogens. (Das haben wir hier dargestellt!)

0

- *Der Schläger wird locker im Daumengriff gehalten.*
- *Das Handgelenk ist gestreckt.*
- *Die Schlagfläche zeigt in Richtung des zu erwartenden Balls.*
- *Der Ellbogen ist vor dem Körper.*

1

- *Der Schlägerkopf wird leicht zurückgenommen.*
- *Der Ellbogen geht in Schlagrichtung.*
- *Dabei wird der Schlägerarm (hier rechts) leicht gebeugt.*
- *Du machst einen Ausfallschritt.*

Mit diesem Schlag gelingt es dir, auf der Rückhandseite vom Netz ganz nach hinten zu schlagen. So kannst du deinen Gegner gut überspielen.

Trotz schneller Bewegung und Ausfallschritt bleibt der Oberkörper aufrecht! Die Schlagbewegung erfolgt aus dem Beugen-Strecken des Ellbogens oder aus der Unterarmdrehung.

2

- *Ellbogen, Hand und Schulter werden zum Schlag explosionsartig nach vorn gebracht.*
- *Der Schlag erfolgt mit einer Streckbewegung des Ellbogens.*
- *Der Arm ist am Treffpunkt fast gestreckt.*
- *Der Treffpunkt ist hoch sowie vor/neben der Hand.*
- *Der rechte Fuß setzt gleichzeitig mit dem Treffen des Balls auf.*

3

- *Der Schläger schwingt nach vorn oder über die Schulter der Gegenseite aus.*
- *Der Oberkörper dreht beim Ausschwingen nicht mit.*
- *Nach dem Treffpunkt des Balls drückst du dich aus dem Ausfallschritt wieder aus der Ecke heraus.*

Darauf musst du beim VH-Lob und RH-Lob achten

Bis auf den Unterschied, dass der eine Schlag mit der Vorhand und der andere Schlag mit der Rückhand ausgeführt wird, sind sich die beiden Schläge in der Ausführung sehr ähnlich.

Hier siehst du noch einmal, worauf du bei der Bewegung besonders achten musst.

Locker und fest

Damit dein Schläger beim Treffen dem Ball nicht „nachfliegt", solltest du ihn am Ende der Phase (2) richtig festhalten. Das ist wichtig! Doch genauso wichtig ist es, dass du ihn in den anderen Bewegungsphasen (0) und (1) locker hältst. Nur so kannst du den Schläger gut bewegen und, wenn es notwendig ist, in einen anderen Griff wechseln.

- Das **Lockerlassen** schützt dich vor Ermüdung und Verkrampfung.
- Das **Zufassen** gibt deinem Schlag noch mehr Power. Der Schläger kann dadurch noch stärker beschleunigt werden.

Für einen richtigen Badmintonspieler ist der Schläger kein lebloser Gegenstand – sondern er „lebt"! Locker wird er gehalten und erst kurz vor dem Treffen des Balls fest gegriffen.

Damit der Ball weit genug fliegt, musst du darauf achten, dass der Ball nicht zu dicht am Körper getroffen wird!

ACHTUNG, FEHLER!

Schau dir die Fehlermännchen genau an! Was machen sie beim Lob falsch?

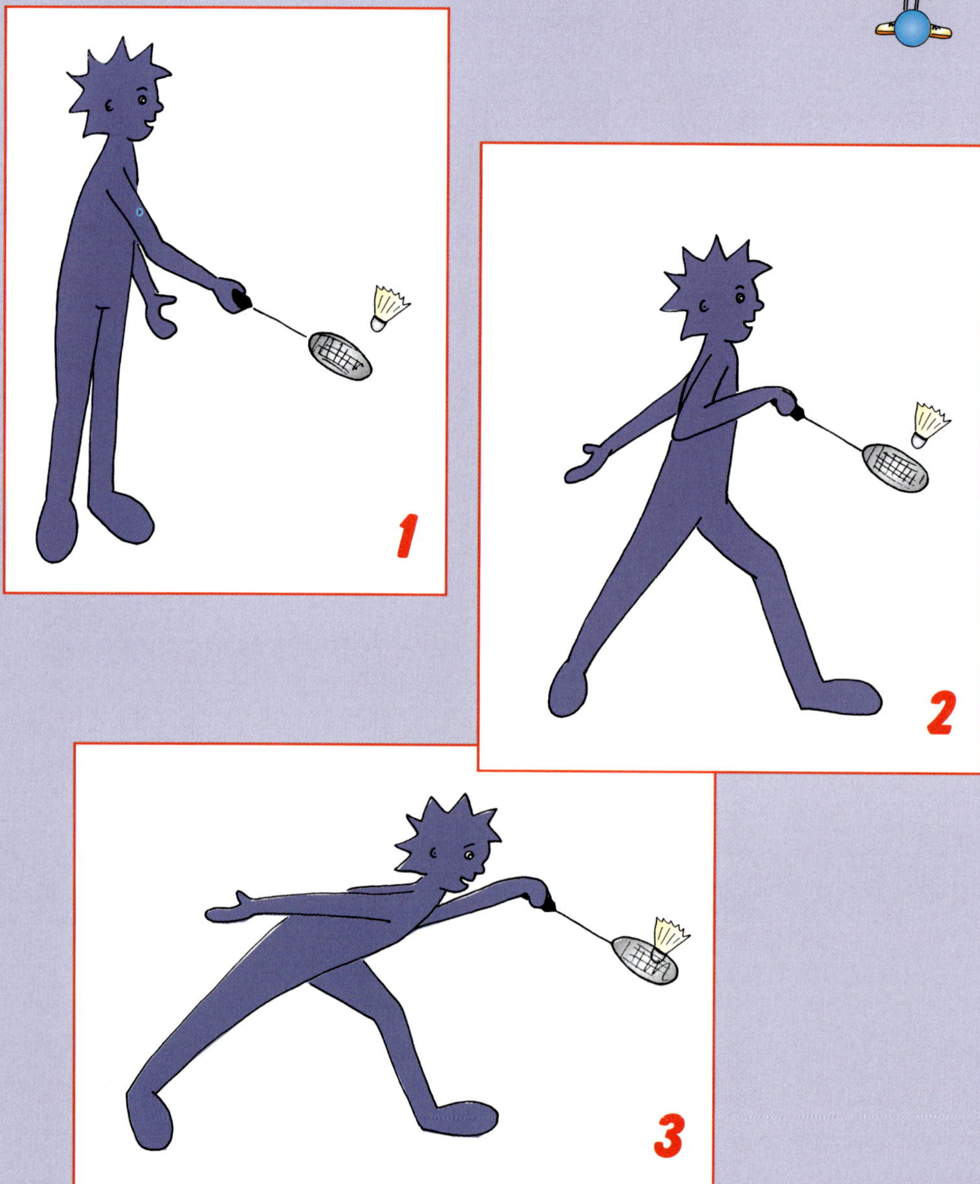

Diese Fehler treten auch immer mal wieder auf:

- *Kein Lockerlassen – Zufassen.*
- *Die Schlagfläche zeigt nicht zum Netz.*
- *Auf- und Abbewegung mit dem Ellbogen.*

Welche Hinweise gibt dir dein Trainer? Hier kannst du diese aufschreiben!

SO KANNST DU ÜBEN

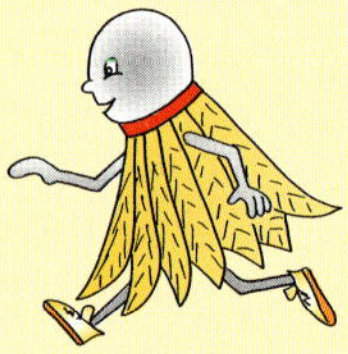

Hier findest du einige Übungen zum Lob. Besonders viel Spaß macht es, wenn du gemeinsam mit Freunden übst. Vielleicht haben auch deine Eltern oder Geschwister Zeit.

1 Auf Zuwurf gegen die Wand

Dein Übungspartner steht mit dem Rücken zur Wand und wirft dir den Ball so zu, dass er etwa 2 m vor dir und etwas seitlich neben dir landet. Du spielst diesen Ball hoch gegen die Wand.

- *Nur Vorhandschläge.*
- *Nur Rückhandschläge.*
- *Vorhand- und Rückhandschläge im Wechsel.*
- *Vorhand- und Rückhandschläge im unregelmäßigen Wechsel.*

2 Auf Zuwurf übers Netz

Dein Partner wirft dir den Ball übers Netz so zu, dass du Unterhandschläge ausführen kannst. Führe erst nur Vorhandschläge, dann nur Rückhandschläge und dann die Schläge immer im Wechsel aus.

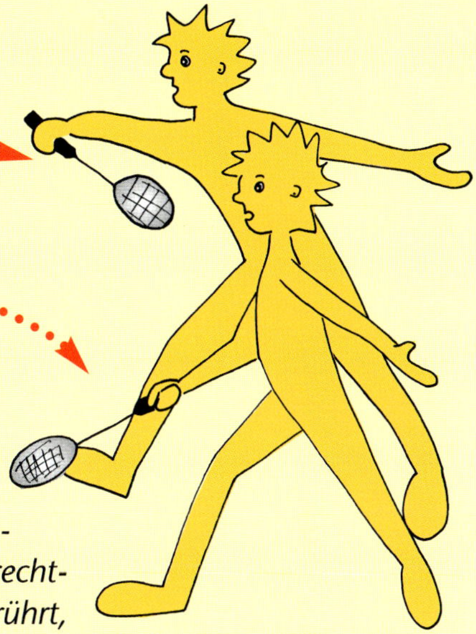

Badminton-Squash

Gemeinsam mit einem Partner spielst ihr den Federball mit Unterhandschlägen gegen eine Wand. Dabei wird immer abwechselnd geschlagen. Wer seinen Ball nicht rechtzeitig erreicht und der Ball den Boden berührt, hat den Fehler und der Mitspieler erhält einen Punkt.

Wettlauf

Führt einen Wettlauf auf einer festgelegten Strecke (Start – Ziel) aus. Jeder, der mitmacht, „transportiert" seinen Federball mit Lobbewegungen vorwärts. Wer ist der Erste im Ziel?

Achte beim Üben immer darauf, dass du hoch und weit schlägst. Die „Mischung" macht's! Im Spiel musst du ja auch hoch über einen Gegner hinweg und weit nach hinten ans andere Ende des Spielfeldes schlagen.

VORHAND- UND RÜCKHANDNETZDROP

Für den Drop am Netz brauchst du viel Ballgefühl, denn der Ball wird nur ganz leicht mit dem Schläger berührt. Er soll nur knapp über das Netz „tropfen"! Mit lockerem Griff und einer kleinen, sanften Bewegung spielst du den Ball, der von hinten kommt oder am Netz kurz gespielt wird.

0

- *Der Arm ist fast gestreckt vor dem Körper.*
- *Der Schlägerkopf ist dort, wo du später den Ball treffen wirst.*
- *Du bewegst dich mit Laufschritten zum Netz.*

1

- *Der Schläger wird leicht zurückgenommen. Führe auf keinen Fall eine zu große Bewegung aus!*
- *Du machst den letzten Schritt nach vorn.*

Die erste Technik, die du für diesen Schlag erlernst, ist das Heben!

Heben

2

- *Der Ellbogen geht leicht in Schlagrichtung.*
- *Je tiefer du den Ball annimmst, desto mehr musst du den Schläger anheben.*
- *Aus dem lockeren Griff fasst du hier nur leicht zu.*
- *Der rechte Fuß setzt gleichzeitig mit dem Treffen des Balls auf.*

3

- *Da du den Ball nur leicht berührst, ist die Ausschwungphase nur gering.*
- *Der Schlägerkopf folgt dem Flug des Balls ein kleines Stück – „wandert" aber auf keinen Fall nach innen.*

SO KANNST DU ÜBEN

Für die Übungen zum Netzdrop solltes du unbedingt ein Netz, eine gespannte Schnur oder etwas Ähnliches haben. Die „Kunst" besteht darin, den Ball so knapp wie möglich über das Netz „tropfen zu lassen"!

1 Einer wirft – einer schlägt

Dein Übungspartner ist mit 10-15 Bällen „bewaffnet" und wirft diese kurz über das Netz. Du spielst immer einen Netzdrop zurück.

2 Vorhand – Rückhand

Dein Partner spielt abwechselnd oder auch beliebig auf die Vorhand und auf die Rückhand. Du musst immer wieder umgreifen, um mit einem passenden Netzdrop zurückzuspielen.

Vergesst das Wechseln nicht! Jeder ist mal Werfer und mal „Schläger"! Spaß macht es vor allem, wenn die Punkte gezählt und am Ende ausgewertet werden.

3 Die Hand festhalten

Für diese Übung müsst ihr mindestens zu dritt sein. Du übst den Netzdrop mit Bällen, die dir der eine Partner zuspielt. Der andere hält dabei die Hand deines freien Arms fest (leicht und nachgebend – wie ein Gummiband!). So bist du gezwungen, den Oberkörper beim Netzdrop aufrecht zu halten.

4 Netzroller

Ihr spielt über das Netz hin und her. Nach jedem Schlag geht es mit Nachstellschritten zurück hinter die Aufschlaglinie. Die Ballwechsel werden so lange gespielt, bis einem Spieler ein Netzroller gelingt. Dieser wird dann mit einem Punkt belohnt.

VORHANDÜBERKOPFCLEAR AUS DEM HINTEREN FELD

Der Clear von hinten ist vielleicht der wichtigste Schlag im Badminton – ein sogenannter „Alleskönner"! Mit diesem Schlag kannst du den Gegner nach hinten drängen, überspielen oder der Ball fliegt schnell an ihm vorbei.

0

- *Die Schlägerhand ist etwa auf Höhe deines Kinns.*
- *Der Schläger zeigt gerade nach vorn und der Schlägerkopf ist vor/über der Hand.*
- *Dein Arm ist gebeugt und gleichzeitig werden Schulter und Ellbogen nach hinten genommen.*
- *Das rechte Bein wird zurückgenommen und die Hüfte aufgedreht.*

1

- *Schulter und Ellbogen sind weit hinten und der Körper ist von der Schlagrichtung weggedreht.*
- *Der Schlägerkopf ist kurz neben deinem Kopf, bevor er durch eine Drehung des Unterarms hinter deinen Rücken „wandert".*
- *Der Ellbogen zeigt einen kurzen Moment nach oben.*
- *Du drehst die Hüfte nach vorn und Phase (2) beginnt.*

Übergang von (0) zu (1).

Damit der Clear gut gelingt, musst du ganz viel beachten. Nur wenn alles stimmt, kann die Bewegung erfolgreich ausgeführt werden. Natürlich klappt das nicht sofort! Nimm dir immer einzelne Hinweise vor, die du beim Training besonders beachten willst.

2

- *Mit dem Vorbringen der Hüfte dreht der gesamte Körper in Schlagrichtung.*
- *Du streckst den Ellbogen, drehst dabei den Unterarm und schwingst den Schläger schnell nach vorn/oben.*
- *Schnelles Zufassen am Griff kurz vor dem Ballkontakt.*
- *Durch die gesamte Bewegung wechselt die Belastung auf das vordere Bein.*

3

- *Nach dem Treffen des Balls dreht sich der Unterarm weiter – er wird nicht abgebremst!*
- *Die Schlägerhand kommt in Höhe des Bauchnabels zur Ruhe. So kann der nächste Schlag erwartet werden.*

Die Bewegung zum Ball ist schneller als zuvor weg vom Ball!

Bewegungsablauf

Jungen Sportlern hilft oft eine bildliche Sprache. So können sie sich wichtige Sachen besser merken! Auch wir verwenden im Buch oftmals solch eine bildliche Sprache.

Der Bogenschütze

In der Nullphase und dem ersten Teil der Phase (1) sieht man aus wie ein Bogenschütze, der seinen Bogen spannt.

Der Maler (1)

Jetzt folgt die Phase (1), in der der Schlagarm mit Schulter und Hüfte vom Ball wegbewegt wird. Diese Bewegung sieht aus, als ob ein Maler mit einer Farbrolle die Decke streicht.

Der Maler (2)

In der Phase (2) erfolgt die Bewegung nach vorn – in Richtung des Balls. Nun bewegt der Maler die Farbrolle nach vorn.

Die Überkopfschlagbewegung ähnelt sehr stark der Wurfbewegung beim Schlagballweitwurf! Mit dem Werfen eines Tennisballs kannst du sie prima nachempfinden.

Der Trainer kann nicht bei jedem Spieler gleichzeitig sein. Deshalb ist es wichtig, dass ihr euch gegenseitig kontrolliert und korrigiert. Diese Liste mit Kontrollfragen kann euch dabei helfen! Einer kontrolliert, der andere zeigt vor!

Kontrollfragen zum Clear

- [ ] Ist die Nullstellung vorn/oben?
- [ ] Zeigt der Gegenarm zum Ball und unterstützt so eine gute Körperposition?
- [ ] Wird der Ellbogen weit genug zurückgezogen?
- [ ] Läuft der Spieler so unter den Ball, dass der Ball auf die Stirn fallen könnte?
- [ ] Trifft der Spieler den Ball (ganz oben) über dem Kopf und weicht nicht über die Schlagschulter aus?
- [ ] Erfolgt die Schlagbewegung ohne Unterbrechung?
- [ ] Erkennt man am Griff ein Lockerlassen und Zufassen?
- [ ] Ist eine Beuge-Streck-Drehbewegung zu erkennen oder ist der Arm im Treffpunkt noch gebeugt?
- [ ] Ist die Drehbewegung in Schulter und Schlagarm schnell genug?
- [ ] Geht der Ellbogen der Schlagbewegung voraus und wird „nach vorn oben geworfen"?
- [ ] Schwingt der Gegenarm gerade nach hinten und erleichtert so die Körperdrehung?
- [ ] Ist die Drehung in der Hüfte deutlich erkennbar?
- [ ] Schwingt der Schlagarm beim Ausschwingen zum Oberschenkel und wird nicht einfach fallen gelassen?
- [ ] Wird Ausholen, Schlagen und Ausschwingen ohne Pause ausgeführt?

Wenn ein wichtiger Punkt korrekt ausgeführt wurde, machen deine Freunde ein Häkchen ins nebenstehende Kästchen. Vielleicht können beim nächsten Mal fehlende Kästchen noch ergänzt werden.

SO KANNST DU ÜBEN

Für Übungen zum Clear aus dem Hinterfeld brauchst du viel Platz und einen Partner, der dir die Bälle zuwirft. Macht kleine Wettbewerbe daraus und zählt eure Punkte. Trotzdem ist es immer wichtig, dass ihr euch gegenseitig korrigiert.

1 Zielball

Ihr baut euch ein Ziel (Linie, Fläche, Gefäß o. Ä.) in weiterer Entfernung auf. Der Partner wirft 10 Bälle zu – wie viele landen im Ziel?

2 Hinter den Ball kommen

Ein Spieler wirft den Ball hoch und weit. Der andere Spieler schlägt den Ball über den Werfer hinweg. Der Werfer hat auch einen Schläger und versucht, durch Rückwärtslaufen noch hinter den Ball zu kommen, damit er nicht auf den Boden fällt.

3 Immer wieder werfen

Die Clearbewegung ähnelt sehr der Wurfbewegung. Deshalb sind Wurfübungen mit Tennisbällen, Federbällen o. Ä. eine tolle Übung. Versuche, ein markiertes Ziel zu erreichen, so weit wie möglich zu kommen oder über ein Hindernis hinwegzuwerfen.

Wer gut werfen kann, ist beim Badminton eindeutig im Vorteil!

Für den Werfer ist es gar nicht so einfach, die Bälle immer weit und auch noch hoch zu werfen. Leichter geht es, wenn er sich auf einen Stuhl, Hocker o. Ä. stellt. Vorsicht, nicht herunterfallen!

4 Ballpendel an der Angel

Der Übungspartner befestigt den Federball „als Köder" an einer Angel. Das Ballpendel wird so gehalten, dass der freihängende Ball sich auf Höhe des Treffpunkts befindet (etwa 50 cm über Kopfhöhe).

Du schlägst gegen den Ball – nicht immer mit voller Kraft! Achte dabei jederzeit auf die richtige Bewegungsausführung!

5 Schlagen auf Zuwurf

Du stehst deinem Partner in einem Abstand von etwa 3 m gegenüber. Dieser steht mit dem Rücken zur Wand und wirft dir den Ball hoch und weit zu. Du schlägst den Ball mit voller Kraft hoch und weit über den Partner hinweg an die Wand.

6 Strandfederball

Ihr markiert euch zwei Linien in weiterer Entfernung. Jeder Spieler darf sich nur hinter seiner Linie bewegen. Nun schlagt ihr euch gegenseitig den Ball zu, ohne die Linie zu überschreiten. Wie viele Wiederholungen schafft ihr? Was ist euer Rekord? Jeder Ball, der zu kurz ist, muss fallengelassen werden. Nun beginnt das Zählen von vorn!

ÜBERKOPFDROP AUS DEM HINTEREN FELD

Der Drop (der kurz gespielte Ball) von hinten kann ganz kurz hinter das Netz oder etwas weiter (vordere Aufschlaglinie) gespielt werden. Damit erspielst du dir einen Vorteil und bewegst den Gegner in Richtung Netz.

0

- *Die Schlägerhand ist etwa auf Höhe des Kinns.*
- *Der Schläger zeigt gerade nach vorn und der Schlägerkopf ist vor/über der Hand.*
- *Der Arm ist gebeugt.*
- *Schulter und Ellbogen werden gleichzeitig nach hinten genommen.*
- *Das rechte Bein geht zurück und die Hüfte wird aufgedreht.*

1

- *Schulter und Ellbogen sind hinten und der Körper ist je nach Position leicht oder ganz von der Schlagrichtung weggedreht.*
- *Der Schlägerkopf geht durch die Drehung des Unterarms hinter den Rücken.*
- *Der Ellbogen zeigt kurz nach oben.*
- *Die Hüfte wird nach vorn gedreht.*

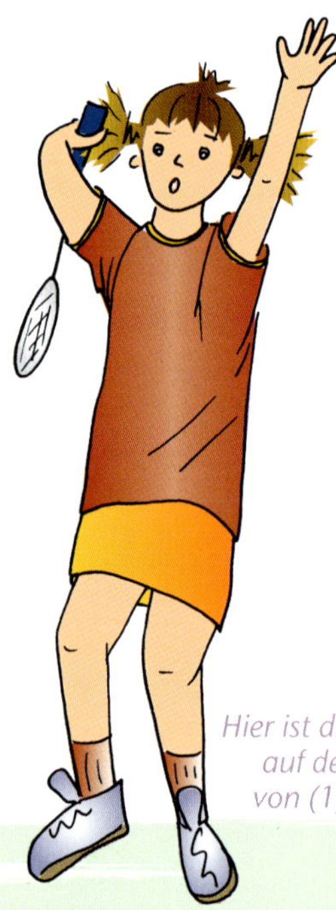

Hier ist die Spielerin auf dem Weg von (1) zu (2).

Die Bewegung ähnelt dem Clear, kann aber auch kleiner und sogar ohne Drehbewegung des Unterarms durchgeführt werden. So ist der Schlag nicht hart.

2

- *Mit dem Vorbringen der Hüfte dreht der gesamte Körper wieder in Schlagrichtung.*
- *Der Ellbogen wird dabei gestreckt, der Unterarm dreht und der Schläger wird gefühlvoll gegen den Ball geführt.*
- *Der Griff wird nicht so stark festgehalten wie beim Clear.*
- *Körperdrehung nach vorn und Belastung aufs linke Bein.*

3

- *Nach dem Treffen des Balls verliert der Schläger an Tempo.*
- *Die Schlägerhand kommt in Höhe des Bauchnabels zur Ruhe.*
- *Du erwartest den nächsten Schlag.*

Darauf kommt es an

Das Wort „Drop" stammt aus dem Englischen und bedeutet „Tropfen". Stell dir bei diesem Schlag vor, dass dein Ball hinter das Netz „tropft"!

VARIANTEN

Die Technik der vorherigen Seite genügt dir auf dem halben Spielfeld, um fast jede Spielsituation zu meistern. Wird aber auf dem ganzen Feld gespielt, dann stehst du nicht immer so gut zum Ball. Es kommt immer mehr zu Schlägen neben dem Körper.

Treffpunkt Vorhand-Überhand hinten

- *Der Treffpunkt ist über der rechten Schulter oder noch weiter seitlich.*
- *Der Schläger ist dabei manchmal sehr weit außen.*
- *Dennoch ist der Schlägerkopf in Position (0) vor der Hand.*
- *Hier wird meistens ohne Unterarmdrehung, sondern nur mit Beuge-streck-Bewegung des Ellbogens geschlagen.*

Treffpunkt links vom Kopf

- *Der Treffpunkt ist über der linken Schulter oder noch weiter seitlich.*
- *Der Schläger zeigt fast waagerecht nach hinten.*
- *Die Armbeuge ist etwa auf Ohrhöhe.*
- *Der Rush-Griff ist hierbei die beste Griffhaltung.*

RÜCKHANDDROP AUS DEM HINTEREN FELD

Rückhandschläge von hinten musst du dann ausführen, wenn der Treffpunkt ungünstig ist – also, wenn du nicht mehr mit der Vorhand schlagen kannst.

Teste, mit welcher Griffhaltung du am besten die Rückhand spielen kannst. Am besten ist eine Mischung aus V-Griff und Rückhandgriff.

0

- *Die Hand ist etwa in Brusthöhe.*
- *Der rechte Arm ist leicht gebeugt.*
- *Der Schlägerkopf ist über und ein wenig vor der Hand.*

1

- *Die Schulter wird nach hinten gezogen.*
- *Der Ellbogen bleibt gebeugt und zieht weg vom Ball.*
- *Der Unterarm dreht nach innen.*

Rückhandschläge von hinten sind schwieriger als Vorhandschläge, weil man sich dabei vom Spielgeschehen wegdreht.

Versuche, bei allen Rückhandschlägen erst einmal den Ball sicher zurückzuspielen! Für Kunststücke hast du hier meist keinen Platz und keine Zeit.

2

- *Du drehst den Unterarm in Richtung Ball.*
- *Bevor du den Ball triffst, streckst du den Arm im Ellbogen.*
- *Das Zufassen des Griffs erfolgt vorsichtig und für einen weichen Schlag ist diese Phase etwas abgebremst.*
- *Der rechte Fuß setzt gleichzeitig mit dem Treffen des Balls auf.*

3

- *Der Ausschwung erfolgt in Schlagrichtung und ist klein.*
- *Du gehst wieder zurück in die Bereitschaftsstellung.*

SO KANNST DU ÜBEN

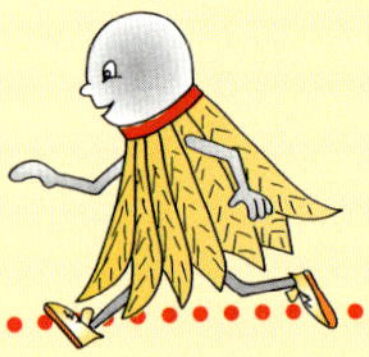

Auch für die Übungen zum Drop aus dem Hinterfeld brauchst du einen Partner, der dir die Bälle zuwirft.

Praktisch ist es, Drop und Lob gleichzeitig zu üben.

1 Drop-Werfen

Bei dieser Übung wird der Federball nicht mit dem Schläger geschlagen – sondern geworfen! Baue dir ein Ziel und führe alle Bewegungen so aus wie beim Drop – nur ohne Schläger!

2 Drop gegen Lob (1)

Du spielst jeden Lob deines Mitspielers als Drop zurück. Dein Mitspieler wird immer mehr Schwierigkeiten bekommen, seine Schläge zu kontrollieren und damit werden deine Drops immer knapper. Nach erfolgreichem Spiel (vielleicht sogar Netzroller!) wird gewechselt.

Dieses Spiel kann auch mit einem Aufschlag begonnen werden, bevor der Mitspieler den Ballwechsel mit einem hohen Lob einleitet.

3 Pantomime

Nicht immer findest du Freunde, die dir den Ball zuwerfen oder zuspielen können. Bist du allein, dann übe einfach ohne Ball!

- *Du bewegst den Schläger, als ob du einen Ball spielst. Schlage genauso ernsthaft und exakt wie beim Üben mit Ball!*
- *Lass nicht nur den Ball weg, sondern auch den Schläger! Bewege dich, als ob du den Schläger in der Hand hältst und den Ball spielst.*

4 Zwei gegen einen

Zwei Spieler stehen auf der gleichen Seite und spielen Lob. Der gegenüberstehende Spieler spielt nur Drop. Wichtig ist, dass die beiden Lobspieler den Dropspieler „fleißig laufen lassen" und die Bälle mal mehr rechts, mal mehr links oder mittig spielen.

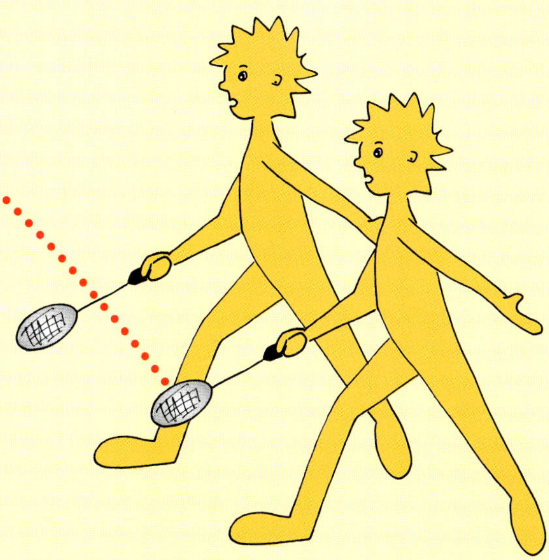

BEWEGUNGEN AUF DEM FELD

Spielzentrum

Dein Spielzentrum ist der Bereich, von dem aus du alle Schläge des Gegners etwa gleich gut erreichen kannst. Du hast dafür also keinen festen Punkt auf dem Feld, sondern es ist ein Bereich, der je nach Situation im Spiel weiter vorn oder weiter hinten sein kann. Das Spielzentrum kann sich auch mal nach rechts oder links verschieben.

Denke daran, du kannst dich nach vorn zum Netz immer schneller und geschickter bewegen als nach hinten.

Laufen nach hinten und nach vorn

Es gibt mehrere Laufarten, um einen Ball zu erreichen. Meistens sind ganz normale Laufschritte vorwärts und rückwärts am einfachsten. Hast du aber vor dem Loslaufen schon deine Schlagschulter oder die gesamte Körperseite in eine Ecke gedreht, sind je nachdem auch **Nachstellschritte** und **Kreuzschritte** sinnvoll.

Probiere aus, welche Laufart dir am besten liegt!

Wann wird welcher Schritt verwendet?

Der Ball ist noch weiter weg und du brauchst viele Schritte:

- Wähle den direkten Lauf!

Ist der Ball nur etwa zwei Schritte entfernt:

- Führe einen Nachstellschritt aus, indem ein Bein schnell vorgebracht und das andere nachgesetzt wird – ohne das vordere Bein zu überholen.
- Springe zum Ball!

Verwende immer die Laufart, mit der du am schnellsten und am sichersten zum Ball kommen kannst.

AUSFALLSCHRITT

Der Ausfallschritt ist bestimmt die am häufigsten verwendete Lauftechnik im Badminton. Am Netz schließt man seinen Laufweg normalerweise mit einem Ausfallschritt ab und schlägt den Ball.

Es gib hohe und tiefe Ausfallschritte – dies hängt davon ab, wie weit der Ball entfernt ist und wie weit man den letzten Schritt machen muss! Je größer der Abstand der Füße ist, desto tiefer ist die Position des gesamten Körpers.

- *Der Ausfallschritt wird mit dem Bein der Schlägerseite ausgeführt.*
- *Mit dem vorderen Bein machst du eine „Kickbewegung".*
- *Der Landefuß steht gerade zum Ball und deine Fußspitze wird nicht nach innen verdreht.*
- *Das Knie des Ausfallbeins geht nicht vor den Fuß und federt weich zurück.*
- *Das hintere Bein zieht ein kleines Stück nach.*
- *Der Gegenarm muss kleine Ausgleichsbewegungen machen, damit du das Gleichgewicht hältst.*

Darauf musst du beim Ausfallschritt achten!

Steh nach dem Ausfallschritt schnell wieder auf, um sofort wieder in Bereitschaftsstellung zu sein! Richte dich aber nicht zu früh auf!

ACHTUNG, FEHLER!

Schau dir die Fehlermännchen genau an! Was machen sie beim Ausfallschritt falsch?

Auf den Lösungsseiten am Ende des Buches findest du die Erklärungen zu den Fehlern!

SO KANNST DU ÜBEN

Mit dem Ausfallschritt kannst du deine Reichweite um ein großes Stück verlängern. Damit du auch richtig weit kommst (ohne Angst, das Gleichgewicht zu verlieren oder dich zu verletzen), solltest du den Ausfallschritt gut üben.

Diese Übungen kannst du überall, auch ohne Schläger, Ball oder Partner ausführen.

1 Ausfallübungen

Drinnen oder draußen kannst du ganz normale Ausfallübungen machen. Mit Schläger in der Hand oder auch ohne. Stelle dir vor, du bist mitten in einem spannenden Spiel und du erreichst sogar die schwierigsten Bälle!

Spiele doch dabei mal Sportreporter: „Ja, er erreicht ihn!“, „Super, im letzten Moment!“, „Klasse gemacht!“ …

2 Auf der Bank

In der Sporthalle gibt es Langbänke, auf denen du sehr gut die Balance trainieren kannst. Aber auch außerhalb wirst du geeignete Möglichkeiten finden: die Umrandung des Sandkastens, eine kleine Mauer, ein dickes Brett o. Ä. Achte auf die korrekte Bewegungsausführung:

- *Körperschwerpunkt zwischen den Füßen.*
- *Aufrechter Oberkörper.*
- *Queraufsetzen des hinteren Fußes mit leichtem Nachziehen.*
- *„Kickbewegung“ im Unterschenkel.*

3 *Schnelle Reaktion*

Für diese Übung brauchst du einen Partner. Der Partner steht dir in einem „Ausfallabstand" gegenüber. Er hält einen Federball oder Ähnliches in der Hand und lässt ihn plötzlich fallen. Du versuchst, ihn mit einem schnellen Ausfallschritt zu fangen.

4 *Ausfallschritt auf Zuwurf*

Dein Partner wirft dir die Federbälle zu und du spielst immer einen Netzdrop oder Lob im Ausfallschritt.

Nur mit warmen und vorgedehnten Muskeln üben! Wärme dich vor den Ausfallübungen auf, um Verletzungen zu vermeiden.

UMSPRUNG

Den Umsprung brauchst du für die Situation, in der der Ball schneller ist als du und du überspielt wirst. Um den Ball zu erreichen, musst du dann **rückwärts laufen.** Im richtigen Moment drehst du dich wieder nach vorn, um in Richtung Netz zu laufen. Diese Drehung geschieht mit einem Sprung vom rechten auf das linke Bein bei gleichzeitiger halber Drehung.

- *Vor dem Sprung ist das rechte Bein hinten und wird zum Sprung gebeugt.*

- *Du machst den Sprung nach hinten/oben – vom rechten auf den linken Fuß.*
- *Du machst mit dem Sprung eine halbe Körperdrehung.*

- *Nach dem Sprung ist das linke Bein deutlich weiter hinten als das rechte Bein zuvor war.*

- *Durch die halbe Körperdrehung kommst du nach dem Sprung auch wieder in die Vorwärtsbewegung.*

Der Umsprung funktioniert in einem Dreierrhythmus (bei dem man bis vier zählt!):

1 – rechts zurück
2/3 – links zurück/rechts vor
4 – Laufschritt links

Zähle beim Üben die einzelnen Phasen mit – laut oder leise!

STEMMSCHRITT

Wenn du den Umsprung nicht auf Anhieb schaffst, dann übe erst einmal den Stemmschritt.

Du machst einen Stemmschritt, wenn du noch sehr viel Zeit hast und du den Ball fast im Gehen erreichen könntest. Das ist zum Beispiel nach einem hohen Aufschlag deines Gegners.

- *Der Stemmschritt ist ein großer Schritt mit dem rechten Bein nach vorn.*
- *Das rechte Bein ist hinten, wird gebeugt und drückt den Körper nach vorn/oben. Dabei „stemmst" du den Körper über das linke Bein.*
- *Dabei dreht sich der linke Fuß so, dass er am Ende mit den Zehenspitzen nach links zeigt.*
- *Beim Vorwärtsdrehen wechselt das Gewicht des ganzen Körpers von rechts auf links und dann wieder auf das vordere rechte Bein.*
- *Das Ende des Stemmschritts ist der Schritt mit dem rechten Bein vor das linke Bein.*

Der Trainer kann nicht bei jedem Spieler gleichzeitig sein. Deshalb ist es wichtig, dass ihr euch gegenseitig kontrolliert und korrigiert. Diese Liste mit Kontrollfragen kann euch dabei helfen! Einer kontrolliert, der andere zeigt vor!

Kontrollfragen zum Umsprung

- ☐ Erfolgt der Absprung vom rechten Fuß aus einer guten seitlichen Stellung (wie beim Stemmschritt)?
- ☐ Dreht die Hüfte ausreichend?
- ☐ Ist ein „Kreuzen der Beine“ erkennbar? Wird also im Sprung das hintere Bein nach vorn und das vordere Bein aktiv nach hinten geführt?
- ☐ Passt der zeitliche Ablauf von Umsprung und Schlagbewegung zusammen? Wird im Sprung geschlagen? Ist das ehemals vordere Bein im Treffpunkt schon hinten?
- ☐ Stoppt das hintere Bein richtig, damit der Spieler nicht nach hinten „fällt“?
- ☐ Wird der hintere Fuß bei der Landung so aufgesetzt, dass die Fußspitze nach außen zur Seitenlinie zeigt?
- ☐ Ist gleich nach der Landung eine Bewegung ins Spielzentrum erkennbar?

Wenn ein wichtiger Punkt korrekt ausgeführt wurde, machen deine Freunde ein Häkchen ins nebenstehende Kästchen. Vielleicht können beim nächsten Mal fehlende Kästchen noch ergänzt werden.

Auf diese Zeilen können noch weitere Hinweise oder Probleme aufgeschrieben werden!

DER WEG ZUM SIEG

Die Idee des Badmintonspiels besteht darin, den Gegner durch sicheres Spiel auf der gesamten Spielfeldlänge auszuspielen.

In diesem Kapitel haben wir dir die wichtigsten **Grundtechniken** für das Badmintonspiel beschrieben. Damit kannst du dich auf dem Spielfeld flink bewegen und Bälle in verschiedenen Positionen erreichen und zurückspielen.

Nun musst du aber auch wissen, wie du diese Techniken geschickt, clever und erfolgreich einsetzen kannst. Dies erreichst du mit **Taktik**.

Einige taktische Hinweise

- Spiele nicht überhastet, sondern geduldig und warte auf deine Chance!
- Spiele dorthin, wo dein Gegenspieler nicht steht!
- Spiele so genau, dass der Gegenspieler den Ball nicht mehr erlaufen kann!
- Spiele den Gegenspieler einige Male hinten an, bevor du einen Ball kurz hinter dem Netz platzierst!
- Spiele mit dem Gegenspieler am Netz und überspiele ihn dann so, dass er den Ball rückwärts nicht mehr erlaufen kann!

Denke daran:
Für jeden leichten Fehler von dir erhält dein Gegner einen Punkt!

. . . . 8 DAMIT ALLES SEINE ORDNUNG HAT

Fast alle Dinge im Leben der Menschen sind geregelt. Was würde das für ein Durcheinander geben, wenn jeder tun könnte, was er gerade für richtig hält? In der Familie gibt es Regeln, an die sich jeder halten muss, in der Schule und in der Sportgruppe auch. Für den Straßenverkehr gibt es Verkehrsregeln und für jedes Kartenspiel gibt es Spielregeln.

Auch im Sport ist das so. Jede Sportart hat Regeln dafür, wie die Sportart betrieben wird, wie ein Wettkampf abläuft und was der Spieler tun muss für den Sieg. Es ist auch festgelegt, was erlaubt und verboten ist.

Im Badminton gibt es ein ganzes Buch voller Regeln. Zum Glück ist das so! Sonst würde nach jeder Aktion eine heftige Diskussion über Fehler und Punkte beginnen und niemand hätte Spaß am Spiel. Über alle Badmintonregeln wollen wir hier aber nicht schreiben. Das ist viel zu schwierig und für dich im Moment auch noch nicht so wichtig. Wenn es dich interessiert, dann kannst du alle Badmintonregeln im Regelheft des Deutschen Badminton-Verbands nachlesen. Im Verein erklären die Trainer alles.

Im Badminton wird oft ohne Schiedsrichter gespielt. Jeder Spieler kennt die wichtigsten Regeln und ihr sollt lernen, wahrheitsgemäß „in" und „out" zu rufen sowie die Aussagen des Gegenspielers zu akzeptieren. Bei Uneinigkeit wird einfach wiederholt!

Spielfeld

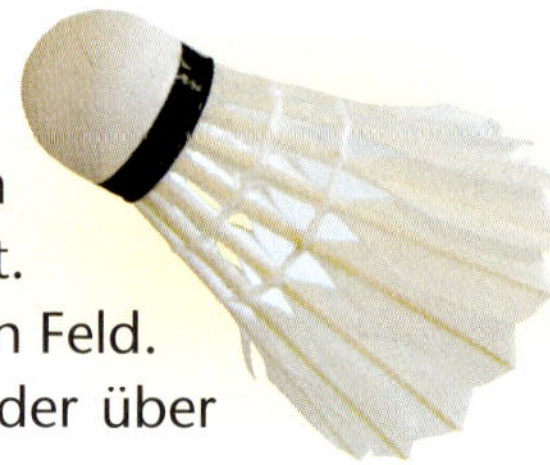

- Im Einzel wird auf dem schmalen langen Feld (ohne die beiden Seitenstreifen) gespielt.
- Im Doppel spielt man auf dem breiten langen Feld.
- Der Ball muss beim Aufschlag immer auf oder über die vordere Aufschlaglinie gespielt werden.

Spielbeginn

Am Anfang wirft man einen Ball hoch. Der Spieler, auf den der Ball zeigt, darf von 1. und 2. eines auswählen: 1. Aufschlag oder Rückschlag,
2. linke oder rechte Spielfeldseite.

Der Gegenspieler darf das andere entscheiden.

Punkte zählen

Ein Spiel wird auf zwei Gewinnsätze zu je 21 Punkten ausgetragen. Wer einen Ballwechsel gewinnt, erhält den Punkt. Gewonnen ist der Ballwechsel, wenn der Ball innerhalb der gegnerischen Seite zu Boden fällt oder der Gegner einen Fehler macht. Der Sieger des Satzes muss zwei Punkte Vorsprung haben (Bei 20:21 wird also weitergespielt!). Ist bis 29:29 noch keine Entscheidung gefallen, entscheidet der nächste Punkt. Nach jedem Satz werden die Seiten gewechselt – im dritten Satz schon, wenn von einer Seite 11 Punkte erreicht worden sind.

Aufschlag

Einzel

Beim Spiel auf beiden Spielfeldhälften wird der Aufschlag rechts und links im Wechsel gespielt.

- Hat der Aufschlagende 0 Punkte oder eine gerade Punktezahl, ist der Aufschlag in der rechten Hälfte.
- Hat der Aufschlagende eine ungerade Punktezahl, ist der Aufschlag in der linken Hälfte.
- Der Rückschlagende steht dem Aufschlagenden immer schräg gegenüber.

Doppel

- Beim Doppelaufschlag gilt die vordere der beiden hinteren Linien.
- Die Aufschlagseite ist wie im Einzel – Aufschlag rechts bei 0 oder gerader Punktezahl und links bei ungerader Punktezahl.
- Gewinnt das annehmende Team den nächsten Punkt, so schlägt der Spieler auf, der bei der Annahme auf der rechten bzw. linken Seite stand.
- Gewinnt das aufschlagende Team den nächsten Punkt, so schlägt derselbe Spieler noch einmal auf (Muss die Seite wechseln!).

Ein „guter" Ball

- Der Aufschlag ist gültig, wenn der Federball zwar das Netz berührt, aber dennoch korrekt ins gegnerische Feld fällt (Netzroller).
- Ein Schlag ist auch gültig, wenn der Federball während des Ballwechsels das Netz berührt und dennoch darüber hinwegkommt.

Ein Fehler

Als Fehler gilt, wenn

- der Federball beim Aufschlagen oberhalb der Taille (unterste Rippe) getroffen wird.
- der Schaft beim Aufschlag nicht mindestens leicht nach unten zeigt.
- man beim Aufschlag auf der Linie steht, geht oder den Fuß anhebt.
- der Ball nicht getroffen wird, ins Aus oder ins Netz fliegt.
- der Schläger das Netz oder der Körper den Ball berührt.
- man den Ball zurückschlägt, bevor er das Netz überquert hat.

Und noch etwas:

- Die Linien gehören zum Feld und sind immer „in".
- Netzroller sind erlaubt und zählen als Punkt, wenn der Ball danach im richtigen Feld den Boden berührt.

HILFE, ICH HABE MICH VERLAUFEN!

Stelle dir vor, ich war beim letzten Turnier in einer anderen Stadt und in einer fremden Halle. Da wollte ich nur noch mal schnell auf die Toilette. Aber dann habe ich den Weg zurück zum Spielfeld nicht mehr gefunden.

Kannst du erkennen, wie ich laufen musste?

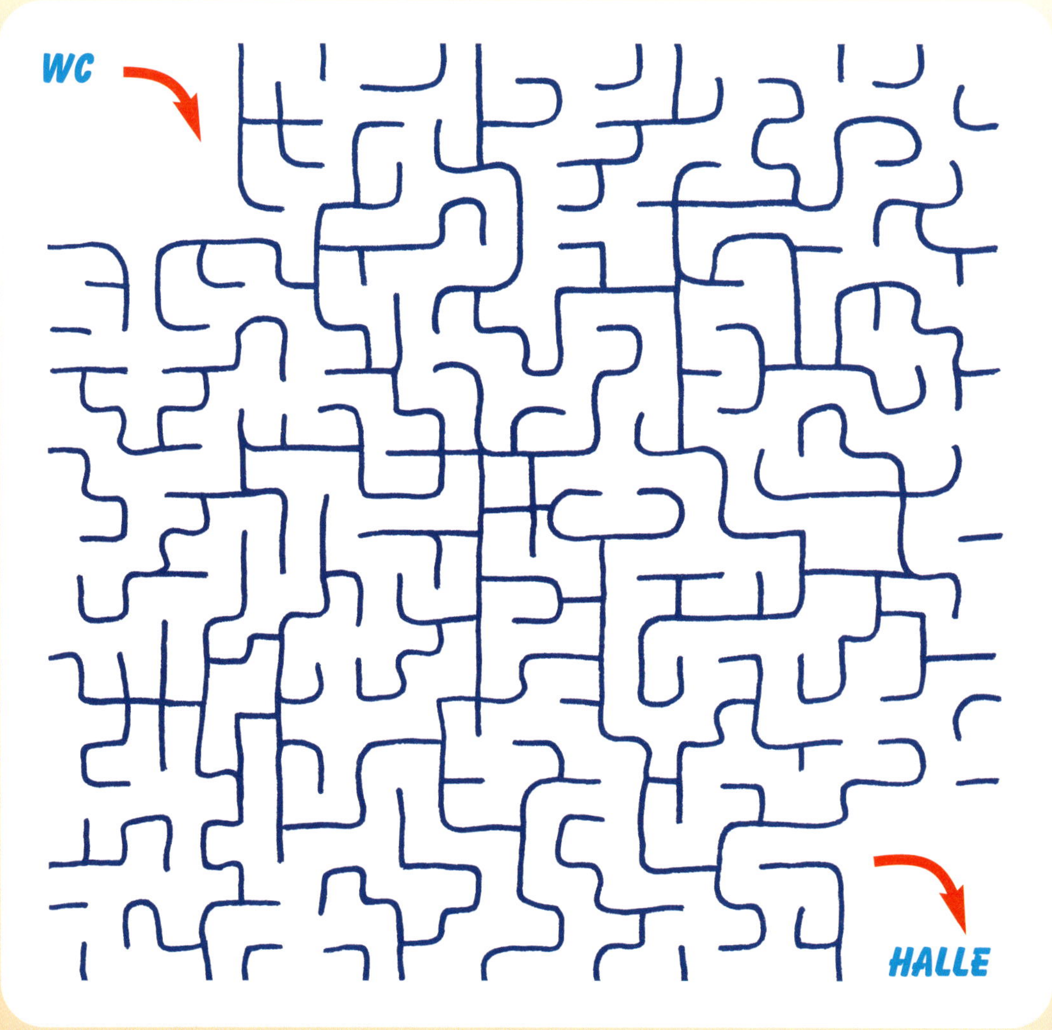

.... 9 FIT UND GESUND

Die meisten Menschen, die Sport treiben, wollen dabei Spaß und Erfolg haben. Daneben ist aber ein wichtiges Ziel, seinen Körper fit und gesund zu halten. Sportler achten daher auf eine gesunde Lebensweise.

RICHTIGES ESSEN

Wer Sport treibt, rennt und springt, verbraucht mehr Energie als ein Stubenhocker. Deshalb schmeckt es nach den Trainingsstunden am besten – weil man Hunger und Durst hat und für Energienachschub sorgen muss!

Fast alle Kinder essen gern Hamburger, Chips, Pommes und Pizza. Das ist nun nicht gerade die beste Sportlermahlzeit – vor allem, wenn man diese Dinge in großen Mengen und zu oft isst. In solchen Nahrungsmitteln ist zu viel Fett enthalten.

Die bessere Mahlzeit für Sportler ist Vollkornbrot mit Käse, Nudeln, Obst und Joghurt. Es gibt eine Menge Nahrungsmittel, die gesund sind und auch schmecken. Versuche, dich abwechslungsreich und maßvoll zu ernähren.

Dieser Sportler hat richtig Hunger nach dem Training. Am liebsten würde er alles auf einmal essen und trinken. Was würdest du ihm empfehlen? Streiche durch, was nach deiner Meinung nicht so gesund ist!

Welches Lebensmittel solltest du öfter am Tag und bei Appetit zwischendurch essen? Streiche alle L, Y, M, A, E, I und D durch und lies die verbleibenden Buchstaben.

L	O	I	A	M	E	Y	I	L	A	E
M	E	L	M	B	D	E	S	D	I	Y
Y	A	D	D	L	I	Y	M	A	T	E

WER SCHWITZT, MUSS REGELMÄSSIG TRINKEN

Wenn du im Training und beim Spiel schwitzt, dann ist deine Sportkleidung oft ganz nass und du siehst die Schweißtröpfchen auf deiner Haut. Schwitzen ist nicht schlimm – sogar sehr gesund. Doch die Flüssigkeit, die du beim Schwitzen verlierst, fehlt nun deinem Körper. Du musst also jetzt trinken, damit dein Körper wieder genug Flüssigkeit hat.

Dein Trainer, Übungsleiter oder Lehrer wird Trinkpausen einplanen, wenn du geschwitzt hast.

Wähle die Getränke nicht zu kalt, sonst braucht dein Körper zusätzlich noch viel Energie, um die Flüssigkeit anzuwärmen und auf Körpertemperatur zu bringen!

Durstlöscher

Die besten Durstlöscher sind:

- Wasser, Mineralwasser ohne Kohlensäure,
- Fruchtsaftmischungen (also Apfelsaft, Orangensaft oder Kirschsaft mit Wasser verdünnt) oder
- Kräutertee oder Früchtetee (auch mit Honig gesüßt).

Reine Säfte, Limo oder Cola sind als Flüssigkeitsersatz nicht geeignet. Sie enthalten zu viel Zucker.

Wenn du durstig bist und trinkst, dann achte darauf, dass du nicht zu hastig trinkst. Besser sind öfter kleine Schlucke. Pass auf, dass du dir nicht den Magen vollpumpst und du dich dann kaum noch bewegen kannst!

VERGISS DAS AUFWÄRMEN NICHT!

Sicher wird dein Trainer immer zu Beginn des Trainings eine Aufwärmzeit einplanen.

Es ist wichtig, dass durch verschiedene Übungen deine Muskeln warm, locker und geschmeidig werden. So schützt du dich vor Verletzungen.

Zum Aufwärmen kannst du laufen oder leichte Sprungübungen machen.

Schwinge oder kreise dabei die Arme.

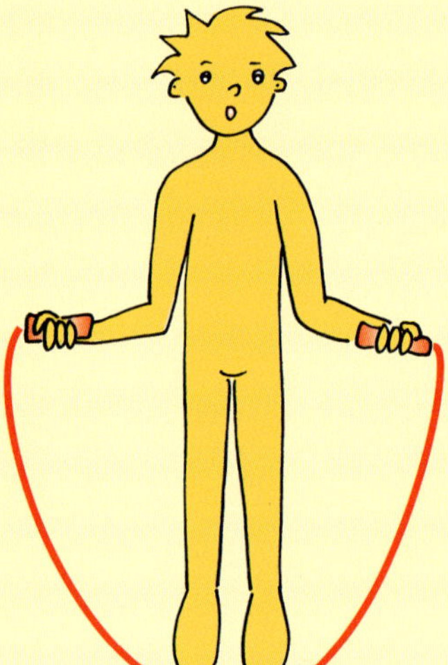

Dribble einen Ball im Gehen und Laufen. Springe dabei, drehe dich und klatsche in die Hände.

Auch wenn du Übungen daheim ausführst oder mit deinen Freunden spielst – vergiss das Aufwärmen nicht!

Strecke dich ganz hoch und stehe dabei auf den Zehenspitzen – so, als ob du Äpfel pflücken willst.

Nun gehst du mit gestreckten Beinen nach unten und „legst die Äpfel in den Korb".

Stütze die Hände in die Hüften und drehe den aufrechten Oberkörper nach links und rechts.

Lege dich flach auf den Rücken und drücke das Becken nach oben.

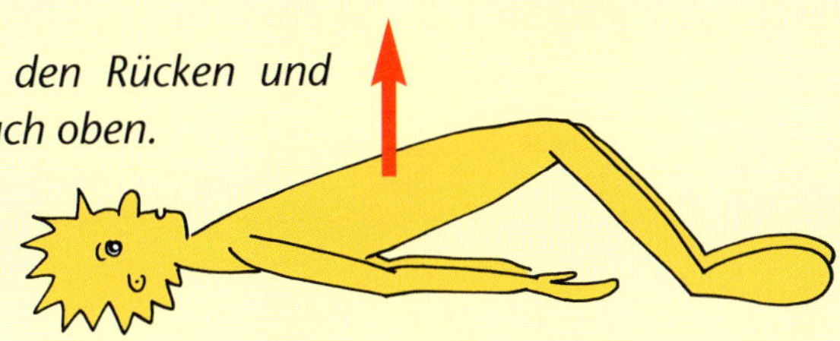

Beuge deinen Oberkörper nach rechts und nach links.

QUIZ FÜR BADMINTONSPIELER

Wir haben dir zu jeder Frage vier mögliche Antworten aufgeschrieben. Aber nur eine der vier Antworten ist richtig. Kannst du sie finden?

1 *Badmintonspiele gibt es im Einzel und ...?*

- A Zweier
- B Paarlauf
- C Vermischt
- D Doppel

2 *Von welchem Vogel werden die Federn für den Federball verwendet?*

- A Wellensittich
- B Pfau
- C Pinguin
- D Gans

3 *Womit ist der Schläger bespannt?*

- A Saite
- B Seide
- C Seite
- D Weide

4 *Wie heißt ein bestimmter Schlag?*

- A Beifall
- B Glückwunsch
- C Lob
- D Tadel

. . . . . 10 SPIELEN IM VEREIN

Irgendwann spürst du, dass das Federballspielen im Garten, auf dem Sportplatz oder am Strand dir nicht mehr reicht! Dann ist es an der Zeit, sich bei einem Verein anzumelden. Dort kannst du in einer Mannschaft spielen, am Spielbetrieb teilnehmen und richtige Wettkämpfe bestreiten.

WIE FINDEST DU EINEN VEREIN?

- Sind deine Eltern einverstanden, dann sucht einen Badmintonverein oder einen Sportverein mit Badmintonabteilung in deinem Ort oder in deiner Wohnumgebung.
- Wenn du Glück hast, spielen Familienmitglieder, Freunde oder Schulkameraden schon in einem Verein und sie nehmen dich einfach mit zum Training.
- Meistens haben Sportvereine Infotafeln, Schaukästen oder eine Homepage im Internet. Dort sind Telefonnummern oder Trainingszeiten veröffentlicht.
- Vereinbart einen Termin für das Probetraining. Nimm Sportsachen mit und schau in Ruhe, wie alles abläuft. Du lernst Trainer und andere Kinder kennen und siehst, wie trainiert wird. Natürlich ist erst einmal alles neu und fremd. Das ist ganz normal!
- Meistens wird gefragt, wie alt du bist und in welche Altersklasse du gehörst. Danach richtet sich die Einordnung für Wettkämpfe. Das hängt von deinem Geburtsjahr ab, nicht von deiner Schulklasse!
- Wenn es dir gefällt und der Trainer sagt, dass du geeignet bist zum Badmintonspielen, dann solltest du dich anmelden. Du wirst Mitglied im Verein und erhältst einen Mitgliedsausweis.

MEIN ERSTER BADMINTONVEREIN

Hier spiele ich Badminton:

____

____

Mein erster Tag war am: ______________________

Meine Trainer sind: ______________________

Hier kannst du Fotos von dir und deinen Freunden einkleben!

MEINE FREUNDE UND TRAININGSKAMERADEN

Auf dieser Seite kannst du alle deine Freunde in der Trainingsgruppe unterschreiben lassen!

SPIELERGEBNISSE

Es ist interessant und macht auch Spaß, immer die Spielergebnisse aufzuschreiben.

Auf diesen Seiten kannst du diese eintragen.

Gegner/Datum	Ergebnis

TURNIERERGEBNISSE

Natürlich möchtest du auch einen Überblick über deine Turnierergebnisse haben.

Auf diesen Seiten kannst du diese eintragen.

Turnier/Datum	Platzierung

DAMIT ES ALLEN SPASS MACHT

Zu Beginn wollen wir dir hier von einer merkwürdigen Badmintongruppe erzählen. Erkennst du, was da los ist?

Was ist denn hier los?

Die Trainerin hat schon mit dem Aufwärmen begonnen, da kommt Tina gleich in Stiefeln zur Gruppe gelaufen und holt sich noch schnell den Schlüssel für den Umkleideraum. Tom kann nicht richtig springen, weil er seinen Apfel zu Ende isst, Pia und Jule schwatzen laut, Kai heult, weil seine Jeans bei der Dehnung zu eng ist und Anne ist im Apfelsaft ausgerutscht, den Tanja verschüttet hat ....

Kannst du dir vorstellen, dass das Üben in dieser Trainingsgruppe Spaß macht? Bestimmt nicht! Na ja, um ehrlich zu sein, haben wir uns diese Geschichte ausgedacht. So schlimm ist es nirgendwo! Oder steckt da doch vielleicht ein kleines bisschen Wahrheit drin?

Regeln müssen sein

Damit alle Kinder Freude am Üben haben und gut lernen können, gibt es für das Training Regeln. Diese werden vom Trainer oder dem Übungsleiter festgelegt und in der Gruppe besprochen. Alle Sportler achten darauf, dass die Regeln eingehalten werden. So haben auch alle Spaß am Üben.

WICHTIGE REGELN

Hier haben wir Regeln aufgeschrieben, die wir für ganz wichtig in der Gruppe und in der Sporthalle halten.

- Erscheine regelmäßig und pünktlich zu den Übungsstunden! Wer bummelt, verpasst die Hälfte.
- Bist du krank, dann solltest du dich abmelden. Wenn du unentschuldigt fehlst, weiß niemand, ob du bald wieder mitüben und beim Turnier mitspielen kannst.
- Bei den Erklärungen und den Übungen wird nicht geschwatzt, sonst versteht ihr nicht alles und macht Fehler.
- Ziehe praktische Sportkleidung an.
- Die Sporthalle wird nicht mit Straßenschuhen betreten. Wähle Sportschuhe mit heller Sohle, damit es keine dunklen Streifen auf dem Boden gibt.
- Das Netz ist keine Schaukel und auch kein Turngerät!
- In der Halle wird nicht gegessen und kein Kaugummi gekaut.
- Trinkflaschen stehen nicht in der Halle.
- Helft euch gegenseitig und nehmt Rücksicht aufeinander!

Welche Regeln habt ihr außerdem noch? Schreibe sie auf den leeren Zeilen dazu!

HALLO, IHR DA UNTEN ...!
ICH KOMME JETZT AUCH NOCH!

.... 11 AUFLÖSUNGEN

S. 8

S. 18

Auf beiden Seiten sind 34 Federbälle verteilt.

S. 28

S. 54/55 **Fehler bei der Griffhaltung**

1 Der Griff wird zu weit hinten gefasst – „langer Griff"!
2 Der Griff wird zu weit vorn gefasst – „kurzer Griff"!
3 Der Zeigefinger lieg auf dem Griff – „Zeigefingergriff"!
4 „Bratpfannengriff"!

S. 60/61 **Gut oder nicht gut?**

1 Dieser Spieler ist unkonzentriert!
2 Gute Bereitschaftsstellung!

3 Der Spieler steht zu steif!
4 Der Schläger „hängt" neben dem Körper!
5 Gute Bereitschaftsstellung!
6 Gute Bereitschaftsstellung!

S. 70/71 **Fehler beim langen Aufschlag**

1 Der Ball wird einfach fallen gelassen!
2 Der Schläger wird zu tief mit gestrecktem Arm nach vorn geschwungen!
3 Der Ball wird zu dicht am Körper gehalten!
4 Der Spieler macht einen Schritt beim Aufschlag – gegen die Regeln!
5 Der Schläger schwingt über die rechte Schulter statt über die Schulter auf der anderen Seite!

S. 78/79 **Fehler beim kurzen Aufschlag**

1 Der Spieler holt mit dem Schläger viel zu weit aus!
2 Die Beinstellung ist zu weit!
3 Der Ball wird im Fallen geschlagen!
4 Der Ball wird zu hoch getroffen – gegen die Regeln!
5 Der Spieler hebt das Bein!

S. 88/89 **Fehler beim Lob**

1 Der Spieler macht keinen Ausfallschritt!
2 Der Schlägerarm ist nicht gestreckt!
3 Der Oberkörper ist nicht aufrecht!
4 Zu weites und hohes Ausschwingen, wobei der Oberkörper verdreht wird!

S. 114/115 **Fehler beim Ausfall**

1 Das falsche Bein ist vorn!
2 Der Fuß des hinteren Beins bietet so keinen Halt!
3 Die Fußspitze des Landefußes ist nach innen verdreht!
4 Der freie Arm sollte für das Gleichgewicht sorgen!
5 Der Oberkörper ist zu weit nach vorn gebeugt!

S. 126

S. 128

L	O	I	A	M	E	Y	I	L	A	E
M	E	L	M	B	D	E	S	D	I	Y
Y	A	D	D	L	I	Y	M	A	T	E

S. 132 **Badmintonquiz**

1 – D
2 – D
3 – A
4 – C

.........12 AUF EIN WORT

Wäre das ein Buch für Erwachsene, würden diese Seiten an die Eltern und an die Trainer natürlich ganz am Anfang, also als Vorwort, erscheinen. Da es aber ein Buch für die Kinder ist, stellen wir dieses Kapitel ans Ende, sozusagen als Anhang.

Unsere Badmintonanfänger sind zum überwiegenden Teil Grundschüler, die im Umgang mit Büchern noch nicht so geübt sind. Sie brauchen unbedingt die Unterstützung der „Großen", die ihnen beim Zugang zum Buch helfen.

Am besten beginnt man als Erstes mit dem Durchblättern des Buches, der Betrachtung der Bilder und dem Ausfüllen und Eintragen. Dieses Buch muss nicht zwingend von Anfang bis Ende durchgelesen werden, sondern lässt sich bestimmt gut zum Nachschlagen und als ganz persönliches Badmintontagebuch verwenden.

Viel Spaß beim gemeinsamen Lesen!

LIEBE BADMINTONELTERN,

können Sie sich noch erinnern, wann Sie mit Ihrem Kind das erste Mal Federball gespielt haben? War es im Urlaub oder einfach nur in der Freizeit? Sicherlich haben Sie immer wieder angefangen, die Schläge zu zählen, denn es ging bestimmt immer darum, wie viele Schläge man gemeinsam schafft. Bei Ihrem Kind ist es bei dieser Faszination geblieben und es interessiert sich jetzt für Badminton. Nun möchte es dieses interessante Spiel lernen, mit anderen Kindern in einem Verein bei erfahrenen Übungsleitern und gut ausgebildeten Trainern.

Badminton ist ein Sport für Jungen genauso wie für Mädchen. Mit dem Badmintonspiel kann schon im Vorschulalter begonnen werden und mit etwas kürzeren Kinderschlägern treffen auch die Kleinsten nach dem Erlernen der ersten Grundtechniken den Ball. Badminton zeichnet sich durch seine Vielfalt aus, stellt hohe Ansprüche an die Technik, die Gewandtheit, die allgemeine Geschicklichkeit, die Ausdauer sowie die Schnelligkeit und fördert die Konzentration und das schnelle Entscheiden.

Badminton ist eine schöne Kombination aus Einzelsport und Mannschaftssport. Auf Turnieren spielt man allein oder zu zweit, in den Mannschaftswettkämpfen ist man Teil eines Teams, bestehend aus Mädchen und Jungen. Die Kinder lernen, bei all diesen Spielen mit Erfolg und Misserfolg umzugehen. Auch Eigenverantwortung will gelernt sein. Nach und nach kümmern sich die Spieler selbst um die Pflege und Vollständigkeit der Ausrüstung und achten auf Pünktlichkeit und Regelmäßigkeit beim Training und Spiel. Bestärken Sie also Ihr Kind beim Erlernen des Badmintonspielens, beim Üben und Trainieren.

In der Anfangszeit überwiegt bei unseren kleinen Spielern selbstverständlich die Freude am Spielen, an der Bewegung, am Schlagen, Laufen sowie am Punktgewinn in den verschiedenen Disziplinen. Das erfordert natürlich auch einige technische Grundlagen, welche von Anfang an spielerisch vermittelt werden. Die Kinder wollen Freude haben und dabei ihr Können entwickeln. Dabei soll die Technik der Schläge und des Laufens unterstützend wirken. Das ist auch das Anliegen unseres Buches. Neben der Erklärung notwendiger technischer Grundlagen und Badmintonregeln erfahren die Kinder jede Menge rund um das Badmintonspiel. Sie haben die Möglichkeit, sich aktiv mit ihrer Lieblingssportart zu beschäftigen.

Helfen Sie, aber mit Umsicht!

Stellen Sie nicht zu hohe Erwartungen an Ihr Kind. Das Wichtigste ist die Freude am Sport und am Spiel. Übertriebener Ehrgeiz wäre nur schädlich. Vergleichen Sie es nicht immer mit anderen, denn die biologische Entwicklung kann gerade in diesem Alter noch sehr unterschiedlich sein. Wie soll Ihr Kind Geduld beim Erlernen seiner Sportart üben, wenn Sie als Eltern ungeduldig sind ...? Orientieren Sie sich bitte an Ihrem eigenen Kind und loben Sie seine Fortschritte. Ihr Kind wird es Ihnen danken.

Die Unterstützung durch die Eltern

Auch im Badminton ist die Unterstützung der Eltern gefragt. Ob es nun die Organisation der Trainingskleidung ist, die Fahrten zum Spielort oder die Begleitung bei Turnieren. Bestimmt müssen sich Eltern oder Großeltern als Spiel- und Übungspartner zur Verfügung stellen und die Badmintonschläger oder vielleicht sogar Ständer mit einem Netz ständig griffbereit haben.

Gehört Ihr Kind zu einer Gruppe, die Turniere spielt oder sogar schon zu einer Mannschaft, die am Spielbetrieb teilnimmt, dann werden manche Wochenenden der Familie dadurch bestimmt. Steht Samstag oder Sonntag ein Spiel oder ein Turnier an, dann bestimmt der Wecker die Frühstückszeit, die Eltern sind Kraftfahrer für einen Teil der Mannschaft und die Geschwister wollen vielleicht zum Zuschauen und Anfeuern mitfahren. Der Sonntagsbraten muss warten, bis das Spiel beendet ist und Ausflüge und Omabesuche werden nur an spielfreien Tagen geplant.

Doch was gibt es Schöneres, als seinen eifrigen, kleinen Spieler zu sehen, der läuft und kämpft und sich über jeden gewonnenen Punkt freut. Oder wie viel Vertrauen und Nähe erleben Eltern und Kinder, wenn wegen einer hauchdünnen Niederlage oder einem zu frühen Ausscheiden getröstet werden muss. Freuen Sie sich, dass Ihr Kind regelmäßig Sport treibt. Gleichgültig, ob aus Ihrem Kind mal ein Jugendmeister oder Bundesligaspieler wird oder ob es „nur" Spaß am Spiel und an der Gemeinschaft hat.

Und noch etwas:
Genießen Sie die Sätze und Spiele und haben Sie Spaß an den Aktionen der kleinen Badmintonspieler. Drücken Sie den Kindern die Daumen, klatschen Sie und freuen Sie sich über schöne, spannende Ballwechsel. Fachliche Zurufe durch Eltern oder das Einmischen in Regelentscheidungen zwischen den Kindern sind jedoch irritierend. Die Kinder sollen selbst entscheiden lernen und Erfahrungen sammeln. Für spieltechnische Hinweise während der Spielpausen und übrigens auch direkt vor und nach dem Spiel ist der Trainer zuständig.

LIEBE BADMINTONTRAINER, LEHRER UND ÜBUNGSLEITER,

sicher werden Sie uns recht geben, es ist schon ein tolles Gefühl, wenn man die Knirpse mit ihren gespannten Gesichtern und ihren erwartungsvollen Augen vor sich sieht. Nun liegt es in Ihren Händen, sie mit dem Badmintonspiel vertraut zu machen.

Doch jedes Kind ist anders. Da gibt es die Großgewachsenen und die Kleinen, die Selbstbewussten und die Ängstlichen, die Fleißigen und die nicht so Fleißigen, die Talentierten und die nicht so Talentierten. Jedes Kind ist eine eigene kleine Persönlichkeit mit ganz individuellen Voraussetzungen und eigener Entwicklungsgeschichte, mit Wünschen und Hoffnungen, mit Befindlichkeiten und Nöten. Allen gleichermaßen gilt unsere Aufmerksamkeit. Kinder wollen aktiv sein, sich bewegen und Freude haben. Vor allem in der Gruppe können sie sich mit Gleichaltrigen messen und sich gegenseitig anspornen.

Das wichtigste Vorbild für die Badmintonanfänger ist ihr Übungsleiter, Lehrer oder Trainer. Sie beobachten alles ganz genau: Wie er mit ihnen spricht, wie er mit seinem Schläger umgeht und die Schlag- und Laufbewegungen ausführt. Sie schauen auch genau darauf, wie ihr Trainer die Regeln und Sicherheitsbestimmungen einhält.

Der junge Spieler selbst ist das Wichtigste im Lehr- und Lernprozess. Das Kind, mag es noch so jung und völliger Anfänger sein, ist immer Subjekt seiner eigenen Entwicklung, niemals nur Objekt unserer Beeinflussung. Geben Sie ihnen also genügend Hinweise und Möglichkeiten für ihre eigene Entfaltung. Fördern und nutzen Sie die Selbstständigkeit Ihrer kleinen Badmintonanfänger, aber fordern Sie die Kinder auch im Rahmen ihrer Möglichkeiten. Gehen Sie den Weg vom Anweisen zum Anregen. Die Kinder sollen und müssen nicht, sondern sie können und dürfen.

Der Nutzen dieses kleinen Buches

Der Nutzen wird ganz wesentlich davon abhängen, wie Sie es in die Ausbildung mit einbeziehen. Es ist speziell für Kinder geschrieben, die mit dem Badminton beginnen. Es kann aber ebenso gut Eltern empfohlen werden, die ihr Kind auf diesem Weg begleiten möchten. Das Buch orientiert sich an den Bedürfnissen der Kinder und soll ihnen helfen, sich auch außerhalb der Sporthalle mit Badminton zu beschäftigen. Anhand der Darstellungen und Beschreibungen im Buch erwirbt das Kind eine möglichst vollständige Orientierungsgrundlage für das Üben. Es wird Ihren Erklärungen und Demonstrationen besser folgen können. Die jungen Spieler können Erlerntes in Ruhe nachlesen, Ziele und Lernfortschritte eintragen, sie erhalten Anregungen für das Üben zu Hause und mit anderen Kindern. Dadurch wird die Fähigkeit zum selbstständigen Handeln entwickelt und der Lernprozess beschleunigt.

Es werden Voraussetzungen geschaffen, dass die Kinder selbst schrittweise über ihr Üben und Lernen nachdenken, ihre Bewegungen, Handlungen und letztlich ihr Verhalten kontrollieren und bewerten. Sie werden zum Partner des Übungsleiters und Trainers. Wir möchten, dass die Kinder gern zum Training kommen und mit Erfolgserlebnissen nach Hause gehen. So hat natürlich auch der Trainer Freude an den Übungsstunden.

Das sollte ein Badmintontrainer für die Kinder haben:

Das Buch im Training

Sagen Sie den Kindern, dass dieses Buch ihr persönlicher Begleiter beim Erlernen des Badmintonspielens ist. Geben Sie ihnen das Logo des Vereins und machen Sie ein Foto zum Einkleben in das Buch. Das erhöht das Bindungsverhalten zu Ihnen, zur Mannschaft und zum Verein.

Helfen Sie den Kindern, mit dem Buch richtig umzugehen. Lesen Sie am Anfang Abschnitte gemeinsam und erklären Sie den Kindern, wie die Bilder und Zeichnungen zu betrachten und zu verstehen sind. Machen Sie Eintragungen zu Zielen, Hinweisen usw. mit den kleinen Spielern gemeinsam. Sie schaffen bei den Kindern damit wichtige Orientierungshilfen zum Verstehen und zum selbstständigen Üben.

Mithilfe des Buches könnten Sie auch kleinere Hausaufgaben aufgeben. Die Kinder lesen zu einem Thema nach und dürfen es beim nächsten Training erzählen und zeigen.

Für kritische Hinweise und Ergänzungen werden wir jederzeit offen sein.

Wir wünschen viel Spaß und Freude
und natürlich auch sportliche Erfolge
mit Ihren kleinen Schützlingen.

...... LITERATURNACHWEIS

Barth, K. (2001-2009). *Kindersportbuch-Reihe: Ich lerne .../Ich trainiere ...* Aachen: Meyer & Meyer Verlag.

Jäger, K. & Oelschlägel, G. (1974). *Kleine Trainingslehre.* Berlin: Sportverlag.

Kelzenberg, H. (2003). *Badminton – Unterlagen zum Kinder- und Jugendtraining.* Bergisch Gladbach: Eigenverlag.

Poste, D. & Hasse, H. (2002). *Badminton Schlagtechnik – „Mit dem Schläger denken lernen".* Velbert: SMASH-Verlag.

BILDNACHWEIS

Titelgestaltung:	Sabine Groten, Aachen
Zeichnungen:	Katrin Barth
Titelfoto:	Fotosearch.com
Fotos (Innenteil):	Katrin Barth, Sven Heise, Heinz Kelzenberg, Marie Kelzenberg